Italienische Küche

DIE BESTEN REZEPTE

Italienische Küche

Mit über 700 Schritt-für-Schritt-Abbildungen in Farbe

Carla Capalbo

EDITION XXL

Lizenz durch:
EL Lizenzvermittlungs GmbH & Co. Betriebs KG
Herzogspitalstraße 3, 80331 München

Aus dem Englischen übertragen von
Christine Reichenbach und Hanne Fischer

ISBN 3 89736 052 7

INHALT

Vorwort

Italien ist ein Land mit sehr abwechslungsreichen Gegenden. Die langen Mittelmeerküsten umschließen fruchtbare Ebenen, waldbedeckte Hügel und hohe Berge. Vom heißen, trockenen Süden bis zu den kühlen Regionen der Alpen sind ganz unterschiedliche Klimazonen vorhanden. Genauso mannigfaltig sind dem zufolge die angebauten Obst- und Gemüsesorten und die sonstigen lokalen Spezialitäten. Während Reis, Mais und Schinken eher aus der nördlichen Regionen Italiens kommen, gedeihen unter der südlichen Sonne Tomaten, Oliven und Weizen und an den Küsten gibt es Fisch und Meeresfrüchte . Italiens viele Königreiche, Staaten und Herzogtümer wurden 1861 zu einer Nation zusammen gefaßt. Jedes Land hatte eine andere Mundart und die kulturellen Unterschiede haben sich sogar in den kulinarischen Gepflogenheiten festgesetzt und bis heute erhalten. Die Rezepte wurden selten aufgeschrieben, sondern innerhalb der Familie mündlich weitergegeben. Die Italienische Küche ist eine gelungene Kombination von frischen Zutaten und einer meist sehr einfachen Kochweise. Fleisch, Fisch und Gemüse werden mit frischen Kräutern gewürzt, mit Olivenöl verfeinert und meist gebraten oder gegrillt. Die aromatischen Soßen sind in vielen Fällen in der Zeit zubereitet, die die Pasta braucht, bis sie „al dente“ ist. Zudem ist die Italienische Kost reich an Vitaminen, Kohlehydraten und Ballaststoffen und arm an tierischen Fetten. Daß sie außerdem noch ausgezeichnet schmeckt, ist natürlich das beste an der Sache. Kein Wunder also daß sich die Italienische Küche auch bei uns immer noch wachsender Beliebtheit erfreut.

Frische Produkte

Die Italienische Küche basiert auf der Verwendung von frischen Zutaten, die mit den Jahreszeiten wechseln. Gemüse und Kräuter spielen die Hauptrolle in beinahe jedem Gang eines Menüs.
Zu Beginn einer jeden neuen Saison werden die ersten Artischocken, Oliven, Kastanien oder Waldpilze mit Spannung erwartet. Obst und Gemüse werden liebevoll auf den Tischen der Marktstände aufgebaut und sind in ihrer Farbenpracht eine Augenweide. Rezepte, für die jeweilig vorhandenen Produkte, kommen zum Vorschein um das Beste daraus zu bereiten.
Viele Gemüsesorten aus dem Mittelmeerraum sind inzwischenn ganz selbstverständlich in jedem Supermarkt zu bekommen. Tomaten, Fenchel, Auberginen, Paprika, Zucchini und Radicchio sind wichtig Zutaten für Pastasoßen, Suppen und Pizzas und passen außerdem hervorragend zu Fleisch und Fisch.
Wo immer sie einkaufen, achten Sie darauf, daß Obst und Gemüse so frisch als irgend möglich sind. Wählen Sie unbehandelte, feste, reife Früchte.
Frische Kräuter wie Petersilie, Basilikum, Salbei, Schnittlauch, Oregano, Thymian und Rosmarin, gedeihen im Garten, Balkonkasten und auf der Fensterbank. Sie schmecken frisch wesentlich aromatischer als getrocknet. Das sind die ganz wichtigen Kräuter der Italienischen Küche und sollten unbedingt im Haus sein.
Zwiebeln, Knoblauch, Zitrone und Kartoffeln können auch einige Wochen gelagert werden und sind ebenfalls die Basis für viele Gerichte, alles andere an Gemüse sollte frisch gekauft werden.

Vorratshaltung

Die wohl wichtigste Zutat, ist das Olivenöl. Dabei gibt es große Qualitätsunterschiede, aber in diesem Fall lohnt sich eine Mehrausgabe für Olivenöl bester Qualität. Ein Gericht, und sei es noch so einfach, gewinnt dadurch ganz unwahrscheinlich an Aroma.
Balsamessig wird außerhalb Italiens mehr verwendet als im Land selber. Er hat einen unvergleichlichen Geschmack, leicht süßlich und voll und ist sehr edel für Soßen und Salatdressings. Steinpilze wachsen in Italiens Wäldern ebenso als im restlichen Europa. Im getrockneten Zustand halten sie sehr lange und verleihen den Gerichten einen erdigen würzigen „Waldgeschmack".
Oliven sind Italiens typischste Frucht. Unglücklicherweise halten getrocknete Oliven den Geschmack nicht sehr gut, die in Dosen und Gläsern, sind auch kein Vergleich zu frischen Oliven. Am besten sind noch die in Olivenöl eingelegten, die es in Spezialitätengeschäften offen zu kaufen gibt.
Nachfolgend eine Aufstellung von Gewürzen, Getreideprodukten, Getränken und sonstigen Nahrungsmitteln, die es in Gläsern oder Dosen zu kaufen gibt und die für die Italienische Küche im Haus sein sollten. Bitte lesen Sie auch nach bei „frische Produkte" und „Käse und Wurst".
Nahrungsmittel wie Mehl, Salz, Eier, etc. sind nicht extra erwähnt, da sie eigentlich für jede Art der Küche gebraucht werden. Es gibt auch einige Produkte, die getrocknet, in Dosen oder Gläsern oder tiefgefroren zu kaufen sind, suchen Sie sich das für sie am geschicktesten zu lagernde aus.
Gewürze: Pfefferkörner, Fenchelkörner, Nelkenpulver und ganze Gewürznelken, Lorbeerblätter, Wacholderbeeren, Muskatnuß und Muskatblüte, Chili, Safran, Vanille und Zimt. Desweiteren: Olivenöl, Balsamessig, Weinessig (rot und weiß) sowie Kakaopulver und Espressokaffee.
Getränke: Weiß- und Rotwein, Marsala, Amaretto und eventuell Grappa.
Trockenprodukte: Polenta, Pasta, Risottoreis, Steinpilze, Linsen, Bohnen, Kichererbsen, Tomaten, Stockfisch, Löffelbiskuits und Amaretto.
Prokukte in Dosen und Gläsern: Sardellen, Kapern, Tomaten, Tomatenmark, Meeresfrüchte und für den schnellen Gebrauch Bohnen, Linsen, Kichererbsen und Erbsen.

Fleisch und Käse

Antipasti bedürfen nicht immer großer Vorbereitungen. Meist sind sie eine Komposition aus regionalen Produkten. Eine typische Vorspeise besteht aus Wurst, Schinken, Speck und Käse auf einer Platte angerichtet. *Mortadella* ist eine typisch italienische Frischwurst. *Salami, Pancetta, luftgetrocknete Bresaola* und *Coppa* sind die gebräuchlichsten und gut haltbaren Wurst- und Schinkensorten. Davon sind *Parmaschinken* und *Prosciutto crudo* die teuersten und beliebtesten Sorten. Sie werden meist mit frischem Brot und Butter als Vorspeise serviert oder mit dünnen Melonenscheiben und frischen Feigen gegessen. Sie finden aber auch Verwendung als Umhüllung für Fleisch oder in Würfeln als rezente Zutat zu Gemüse und Soßen oder als Pizzabelag. Etwas davon als Vorrat ist eine gute Gundlage für viele Gerichte.

Anstelle eines süßen Desserts wird in Italien oft auch Käse gegessen. Er ist auch sonst bei sehr vielen Speisen eine wichtige und würzige Zutat, besonders der *Parmesan* ist unvermeidlich. Er ist ein sehr rezenter Käse mit harter Rinde und hält sich am Stück mehrere Wochen, wenn nicht Monate. Er sollte erst kurz vor dem Gebrauch gerieben werden.

Pecorino wird aus Schafsmilch gemacht und kommt in zwei typischen Formen vor: *Pecorino Romo* und *Pecorino Toscano.* Dieser gesalzene, sehr würzige Käse wird hauptsächlich als Dessert gegessen oder wenn er reif ist zum Überbacken verschiedener Gerichte verwendet. *Gorgonzola* ist ein milder Weichkäse mit Blauschimmel, der sehr rezent wird, wenn er reift. Gut als Dessertkäse oder als Würze für Pastasoßen.

Mozzarella ist frischer, weißer fettarmer Käse, mit relativ neutralem Geschmack. Er wird aus Kuh- oder Wasserbüffelmilch hergestellt. Findet Verwendung in Salaten oder auf Pizzas.

Scamorza ist geräuchter Mozzarella und etwas würziger als dieser. Seine spezielle Form rührt daher, daß er an einer Schnur aufgehängt an einem kühlen, trockenen Ort aufbewahrt wird.

Mascarpone ist eingedickte Sahne, also ein sehr gehaltvoller Frischkäse. Wird hauptsächlich für Soßen und Desserts verwendet. Alle Wurst- und Käsesorten sind bei uns in Markthallen, Käsefachgeschäften oder in italienischen Spezialitätengeschäften erhältlich.

Küchengeräte

1. *Tontopf.* Prima für lange kochende Eintöpfe, Suppen und Soßen. Kann im Backofen, auf dem Herd oder über einem Speisenwärmer verwendet werden. Es gibt viele Formen und Größen. Bevor das Tongeschirr zum ersten Mal verwendet wird, sollte es über Nacht in kaltem Wasser stehen, so daß es ganz davon bedeckt und damit gefüllt ist. Dann aus dem Wasser nehmen, die unglasierte Bodenfläche mit Knoblauch einreiben. Mit Wasser füllen und langsam zum Kochen bringen. Wasser wechseln. Einige Male widerholen, bis der „tönerne" Geschmack verschwindet.
2. *Pastaholz.* Gibt es ebenfalls in verschiedenen Größen und Formen. Vor dem ersten Gebrauch mit feinem Schmirgelpapier abschleifen.
3. *Mörser und Stössel.* Um Kräuter, Pfefferkörner, Brotstücke, etc. zu zerdrücken.
4. *Passiergerät.* Prima um Soßen, Suppen und Gemüse zu pürieren.
5. *Nudelsieb.* Unbedingt notwendig um Pasta und Gemüse abtropfen zu lassen.
6. *Parmesanschneider.* In Italien wird um Parmesan zu schneiden kein übliches Messer verwendet. Parmesan ist sehr hart. Die Spitze des Schneiders am gewünschten Punkt ansetzen und fest drücken oder brechen..
7. *Pizzaschneider.* Funktioniert bei gut belegten Pizzas besser als ein Messeer.
8. *Palettenmesser.* Gut um eine cremige Masse auf den jeweiligen Untergrund zu streichen.
9. *Spaghettilöffel.* Die beste Möglichkeit Spaghetti zu portionieren.
10. *Fleischklopfer.* Um Schnitzel zu klopfen oder Gewürze grob zu zerkleinern. Auch für Nüsse zu gebrauchen.
11. *Pastamaschine.* Es gibt sehr viele Arten- elektrische und solche für industrielle Zwecke. Die meisten haben verstellbare Rollen und verschiedene Schneidevarianten.
12. *Spritztüllen.* Dazu gehört auch ein Spritzbeutel. Zum Dekorieren und Garnieren von Torten, Nachspeisen, Snacks, etc.
13. *Kartoffel- und Gemüseschäler.* In diversen Formen erhältlich für sämtliches Gemüse und Obst mit dünner, weicher Schale.
14. *Italienische Eisportionierer.* Für Softeis, das nicht zu weich ist.
15. *Eisportionierer.* Besser für festes und gefrorenes Eis.
16. *Olivenentsteiner.* Kann auch für Kirschen verwendet werden.
17. *Schneebesen.* Prima um Soßen zu rühren, Eischnee und Sahne zu schlagen.
18. *Teigrad.* Um frische Pasta oder anderen Teig zu schneiden.
19. *Ausstecher.* Für Biskuit oder Pastateige auch für Brot.

Pasta

Pasta in den unterschiedlichsten Formen ist aus der Italienischen Küche nicht wegzudenken.

1. *Alfabeto.* Kleine Buchstabenpasta für Suppen.

2. *Anellini.* Kleine Ringe. Einlage für Suppen und Eintöpfe.

3. *Canneroni.* Pastaringe für dicke Gemüsesuppen.

4. *Capellini.* Feines „Engelshaar". Kann gebrochen werden für Suppen und Fleischbrühe.

5. *Chifferi piccoli lisci.* Kleine Hörnchen für überbackene Nudelgerichte und Nudelsalat

6. *Chifferi piccoli rigati.* Siehe Nr. 5. Größere Version.

7. *Conchigliette.* Kleine Muscheln für Suppen.

8. *Conchigliette rigati.* Etwas größere Muscheln Für Eintöpfe.

9. *Conchiglioni rigati.* Große Muscheln zum Füllen und Überbacken.

10. *Ditali.* Für Suppen und traditonell für Bohnengerichte.

11. *Ditalini.* Supenpasta, kleiner als Ditali.

12. *Ditalini lisci.* Kleine Ditalini, auch für Suppen.

13. *Elicoidali.* Gut für überbackene Gerichte, oder mit dicken Soßen.

14. *Fagiolini.* „Fadenbohnen", für Suppen.

15. *Farfalle.* Schmetterlinge oder Schleifen. Sehr gut zu Muscheln oder für Salate.

16. *Fusilli.* Spirallen- ideal für Fleisch-und Gemüsesoßen.

17. *Fusilli integrali.* Vollkornspiralen, gut zu vegetarischen Soßen.

18. *Fusillata casareccia.* Die geteilte Form paßt gut zu Tomatensoße.

19. *Gnocchi.* Für dicke Fleisch- und Gemüssoßen. Gnocchi tricolori (19a) sind mit Tomaten und Spinat gefärbt.

20. *Gnocchi integrali.* Vollkornmuschel, gut zu vegetarischen Gerichten, heiß oder kalt.

21. *Gnocchetti sardi.* Längliche Muscheln gut zu Lamm oder Fischsoßen.

22. *Lasagne doppia riccia.* Rechteckige Eierpasta. Eignet sich zum Füllen und Überbacken.

23. *Lasagne verdi.* Pasta mit Spinat, gut für Gemüselasagne.

24. *Lingue di passero, Bavette.* Traditionelle Pasta zur klassischen Pastasoße.

25. *Linguine, Bavettine.* Die kleinere Version paßt gut zu Fischsoßen.

26. *Lumache rigate grandi.* Die großen „Schnecken" sind gut zu dicken, rezenten Soßen mit Oliven und Kapern.

27. *Macaroni.* Am bekanntesten mit Käse überbacken.

28. *Mafaldine.* Sie werden oft mit Weichkäsesoßen gegessen.

29. *Mezze penne rigate tricolori.* Die Pasta wird mit Tomaten und Spinat eingefärbt um die Farben der italienischen Fahne zu erreichen.

30. *Orecchiette.* Getrocknete Version der traditonellen handgemachten Pasta aus Süditalien.

31. *Penne lisce.* Sie sind schräg geschnitten, um mehr Soße aufzunehmen.

32. *Penne rigate.* Fast gleich wie Penne lisce.

33. *Pennoni rigati.* Gut für überbackene Nudelgerichte.

34. *Peperini.* Kleine Pasta für Suppen und Brühe.

35. *Perciatellini.* Sind hohle Spaghetti. Passen zu jeder Spaghettisoße.

36. *Pipe rigate.* Gut zu dicken Soßen mit Erbsen oder Linsen.

37. *Puntalette.* Für Suppen und Fleischbrühe.

38. *Rigatoni.* Zum Überbacken mit Fleisch und Käsesoßen. 38a kleinere Version.

39. *Ruote.* Pastaräder die jedes Kind begeistern.

40. *Spaghetti integrali.* Vollkornversion von Spaghettis. Außerhalb Italiens bekannter als im Land.

41. Spaghettini. Dünnere Spaghettiversion. Zu verwenden wie Spaghetti (40a).

42. *Stelline.* Kleine Sternchenpasta ideal für Suppen.

43. *Tagliatelle.* Getrocknete Eiernudeln, gut mit sahnigen, dicken Soßen.

44. *Tagliatelle verdi.* Getrocknete, mit Spinat gefärbte Pasta, gut zu vegetarischen Soßen.

45. *Tomatenspirale.* Spezielle Pasta, mit Tomatensoße eingefärbt.

46. *Tortellini.* Kleine, gefüllte Pasta, oft als Suppeneinlage gegessen.

47. *Tortelloni.* Pasta mit Fleisch- oder Käse gefüllt.

48. *Zite.* Eine lange, hohle Pasta, mit Tomaten- oder Fischsoße.

23
26
19a
16
17
44
36
9
19
39
45
6
20
33
38
43
5
21
13
32
15
38a
18
3
27
29
14
8
37
7
31
30
4
34
1
2
42
46
47

ANTIPASTI UND SUPPEN

Antipasti, gekühlt oder heiß serviert, sind der ideale Anfang eines jeden Mahles. Sie eignen sich jedoch genauso als Imbiß bei einer Party, oder als leckerer Bestandteil eines Buffets. Die herzhaften, dicken Suppen mit Brot und Butter serviert, ergeben aber auch für sich schon ein leichtes, bekömmliches Essen.

Rohes Gemüse mit Olivenölmarinade *Pinzimonio*

Diese farbenfrohe Vorspeise aus Rom besteht aus frischem Gemüse der Saison und einer Marinade, die ursprünglich nur Olivenöl und Salz enthält. Das Gemüse sollte roh oder nur ganz leicht blanchiert sein, das Olivenöl von bester Qualität.

Zutaten
3 große Karotten, geschält
2 Fenchelknollen
6 zarte Stengel Staudensellerie
1 Paprika
12 Radieschen
2 große Tomaten oder
12 Cocktailtomaten
8 Frühlingszwiebeln
12 Blumenkohlröschen
Für die Marinade
125 ml extra-vergine Olivenöl
Salz, gemahlenen schwarzen Pfeffer
3 El frisch gepreßter Zitronensaft
4 Blätter frisches Basilikum, geschnitten
Für 6-8 Personen

1. Karotten, Fenchel, Sellerie und Paprika in schmale Streifen schneiden.

2. ▲ Große Tomaten achteln, kleine ganz lassen. Wurzeln und dunkelgrüne Teile von den Frühlingszwiebeln entfernen. Das Gemüse auf einer großen Platte anrichten, Platz für die Schale mit Marinade in der Mitte freilassen.

3. ▲ Olivenöl in eine kleine Schüssel geben. Salz und Pfeffer hinzufügen, den Zitronensaft einrühren und Basilikum hineingeben. Die Schüssel in die Mitte der Platte stellen.

Staudensellerie mit Gorgonzola *Sedano ripieno di Gorgonzola*

Diese Vorspeise chmeckt zu einem Getränk ebenso, wie bei einem Picknick.

Zutaten
12 junge Stengel Staudensellerie
75 g Gorgonzola
75 g Schmand oder Mascarpone
Schnittlauch zum Garnieren
Für 4-6 Personen

1. ▲ Selleriestengel waschen, abtrocknen und vom Wurzelansatz befreien.

2. ▲ In einer kleinen Schüssel den Käse mit dem Schmand mischen.

3. Die Selleriestangen mit dem Käsegemisch füllen und mit Schnittlauch garnieren. Gekühlt servieren.

Crostini mit Käse

Crostini con formaggio

Crostini sind kleine geröstete oder getoastete Brotstücke, die verschieden belegt werden. Sie schmecken heiß oder kalt.

Zutaten
4-5 Scheiben einen Tag alten Brotes
75 g Käse, in Scheiben (Butterkäse, Appenzeller, etc.)
Sardellenfilets
Streifen von gegrilltem Paprika
frisch gemahlenen schwarzen Pfeffer
Für 6 Personen

1. ▲ Das Brot mit Förmchen ausstechen. Backofen vorheizen. E 180°, Gas Stufe 5.

2. ▲ Käsescheiben ebenfalls ausstechen und auf das Brot legen.

3. ▲ Sardellenfilets in Ecken schneiden, Paprika ausstechen oder schneiden und auf das Käsebrötchen legen. Mit Pfeffer bestreuen.

4. ▲ Backblech mit Butter bestreichen, Crostini darauflegen und 10 min. backen, bis der Käse schmilzt.

~ **VARIATION** ~

Für eine farbenfrohe Ergänzung grünen und gelben Paprika nehmen.

Crostini mit Mies- oder Venusmuscheln *Crostini con cozze o vongole*

Jedes der Crostini wird mit einer Muschel belegt und dann gebacken. Dies ist ein Rezept aus Genua. Verwenden Sie nach Möglichkeit frische Meeresfrüchte.

Zutaten
16 große Miesmuscheln in der Schale
4 große Scheiben Toastbrot
3 El Butter
2 El frische Petersilie
1 kleine Zwiebel, sehr fein gehackt
Olivenöl zum Beträufeln
Zitronenscheiben zum Servieren
Ergibt 16 Stücke

1. ▲ Muscheln gut bürsten und unter fließend kaltem Wasser waschen. Den „Bart" der Miesmuscheln abschneiden. Meeresfrüchte mit einer Tasse Wasser in einen Topf setzen und köcheln lassen, bis sich die Schalen öffnen. (Geschlossene wegwerfen.) Sobals sie sich öffnen, aus dem Topf nehmen und mit einem Löffel aus der Schale heben. Backofen vorheizen; E 190°, Gas Stufe 5.

2. ▲ Brotrinde abschneiden. Scheiben vierteln. Mit einem Löffel eine so große Vertiefung aus jedem Stück herausheben, daß die Muschel hineinpaßt. Aufpassen, daß ein Boden im Brot bleibt.

3. ▲ Das herausgelöste Brot in Krumen brechen. In einer kleinen Pfanne die Butter erhitzen. Petersilie, Zwiebel und Brotkrumen darin braten, bis die Zwiebel weich ist.

4. ▲ Jedes Brotstück mit etwas Olivenöl beträufeln und die Muschel in die Vertiefung setzen. Das Petersilien-Zwiebelgemisch gleichmäßig auf den Brotstücken verteilen. Auf ein gefettetes Backblech setzen. 12 min. backen und heiß servieren. Mit Zitronenscheiben garnieren.

Meeresfrüchtesalat

Insalata di frutti di mare

Entlang Italiens Küsten gibt es den Salat in verschiedenen Varianten. Es werden frische Meeresfrüchte der Saison verwendet oder frische mit tiefgefrorenen kombiniert.

Zutaten
350 g kleine Kalmare
1 kleine Zwiebel, geschnitten
1 Lorbeerblatt
200 g Venusmuscheln in der Schale
750 g Miesmuscheln in der Schale
450 g kleine Garnelen
175 ml Weißwein
1 Fenchelknolle
Für das Dressing
75 ml extra-vergine Olivenöl
3 El frischen Zitronensaft
1 Zehe Knoblauch, fein geschnitten
Salz, frisch gemahlenen schwarzen Pfeffer
Für 6-8 Personen

1. ▲ Die dünne Haut vom Körper der Kalmare schälen. Gut waschen. Kopf und Tentakel aus dem Körper ziehen. Ein Großteil der Eingeweide wird mit dem Kopf herausgehen. Den Rest sorgfältig aus dem Inneren des Körpersacks schaben. Die Tentakel vom Kopf trennen. Kopf und Innereien werden nicht verwendet. Den kleinen harten Schnabel von der Unterseite der Tentakel entfernen. Körper und Tentakel gut unter fließendem Wasser spülen, abtropfen lassen.

2. Einen großen Topf voll Wasser zum Kochen bringen. Zwiebel und Lorbeerblatt mitkochen. Kalmare heineingeben und 10 min. kochen lassen. Herausfischen und auskühlen lassen. Tentakel einmal durchschneiden, Körper in Ringe teilen, beiseite stellen.

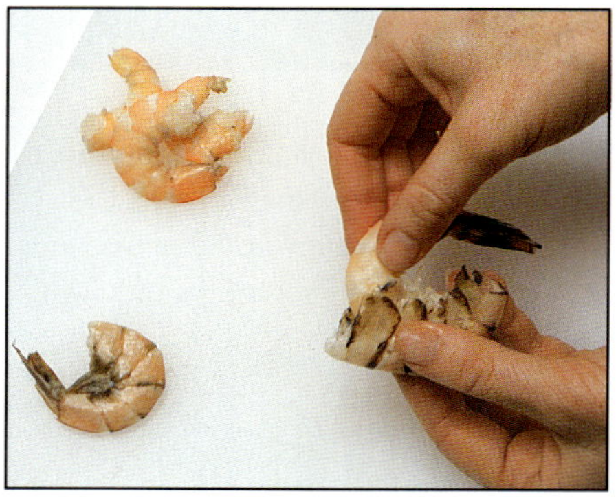

3. ▲ Die Garnelen in demselben Wasser kochen bis sie nach ca. 2 min. rosarot anlaufen. Herausnehmen und schälen. Das Kochwasser kann für eine Suppe verwendet werden.

4. ▲ Den „Bart" von den Miesmuscheln abschneiden. Mies- und Venusmuscheln unter kaltem Wasser abbürsten. Mitsamt dem Wein in einen Topf geben, zudecken und dünsten bis sich die Muschelschalen öffnen. (Sollte eine nicht aufgehen, diese nicht verwenden.)

5. ▲ Alle, bis auf 8 Muscheln aus der Schale heben (mit einem kleinen Löffel) und mitsamt den Garnelen in eine Schüssel geben. Kalmarenstücke hinzufügen. Grüne Teile des Fenchels kleinhacken und beiseitestellen. Fenchelknolle in Streifen schneiden und in die Schüssel geben.

6. ▲ In einer anderen Schüssel das Öl mit Zitronensaft, Knoblauch und dem Fenchelgrün verrühren. Mit Salz und Pfeffer abschmecken und über die Meeresfrüchte gießen. Durchziehen lassen. Der Salat kann bei Raumtemperatur oder leicht gekühlt serviert werden. Die in ihren Schalen verbliebenen Muscheln als Dekoration verwenden.

Prosciutto mit Feigen

Prosciutto crudo con fichi

Der Schinken, der in der Region um Parma geräuchert wird, zählt zu den besten Italiens. Prosciutto sollte hauchfein geschnitten sein und wird mit Feigen oder Melone serviert.

Zutaten
8 reife, grüne oder schwarze Feigen
12 hauchdünne Scheiben Prosciutto
geröstetes Brot
ungesalzene Butter
Für 4 Personen

1. ▲ Die Schinkenscheiben auf einem Brett anordnen.

2. ▲ Die Feigen mit einem feuchten Tuch abreiben. So in vier Teile schneiden, daß diese noch zusammenhängen. Wenn die innere, weiße Haut zart ist, kann sie mitgegessen werden.

3. ▲ Die Feigen auf den Schinken legen. Mit Brot und Butter servieren.

Cocktailtomaten mit Pesto

Pomodorini con pesto

Sie sind ein farbenfroher, wohlschmeckender Apettithappen, der aus frischem oder gefrorenem Pesto zubereitet werden kann.

Zutaten
450 g Cocktailtomaten (ca. 36 Stück)
Für's Pesto
90 g frisches Basilikum
3-4 Zehen Knoblauch
4 El Pinienkerne
1 Tl Salz und etwas extra
100 ml Olivenöl, extra-vergine
3 El frisch geriebenen Parmesan
frisch gemahlenen schwarzen Pfeffer
6 El geriebenen Pecorino-Käse
Für 8-10 Personen (als Apettithappen)

1. Tomaten waschen, oberen Teil abschneiden und das Innere mit einem kleinen Löffel herausheben.

2. ▲ Basilikum, Knoblauchzehen, Pinienkerne, ein Teil Olivenöl und etwas Salz im Mörser zerstampfen. (Wenn es im Mixer gemacht wird, das gesamte Öl und Salz verwenden). Masse in eine kleine Schüssel geben, Käse, restliches Öl und Salz untermischen. Sollte das Pesto eingefroren werden, den Käse weglassen und erst nach dem Auftauen dazugeben.

3. Pfeffer unterrühren und wenn nötig, nachsalzen.

4. ▲ Mit einem kleinen Löffel das Pesto in die Tomaten füllen. Gekühlt servieren.

Hartgekochte Eier mit Thunfischsoße

Uova sode tonnate

Eier mit Thunfischmayonnaise sind ein sehr wohlschmeckender und nahrhafter erster Gang, der zudem noch einfach und schnell zubereitet ist.

Zutaten
6 möglichst große Eier
200 g Thunfisch in Olivenöl (aus der Dose)
3 Sardellenfilets
1 Tl Kapern, abgetropft
2 El frisch gepreßter Zitronensaft
4 El Olivenöl
Salz und frisch gemahlenen schwarzen Pfeffer
Für die Mayonnaise
1 Eigelb (Raumtemperatur)
1 Tl Senf
1 Tl Weißweinessig oder Zitronensaft
150 ml Olivenöl
Kapern und Sardellenfilets zum Garnieren
Für 6 Personen

1. Die Eier 12-14 min. kochen. Mit kaltem Wasser abschrecken und schälen. Beiseite stellen.

2. ▲ Eigelb, Senf und Essig (Zitronensaft) in einer Schüssel verrühren. Unter ständigem Rühren mit einem Schneebesen das Olivenöl tropfenweise beigeben.

3. Den Thunfisch mitsamt seinem Öl, Sardellenfilets, Kapern, Zitronensaft und Olivenöl im Mörser oder Mixer pürieren.

4. ▲ Thunfischsoße mit der Mayonnaise verrühren. Mit Pfeffer abschmecken und wenn nötig nachsalzen. Eine Stunde kühlstellen.

5. Eier der Länge nach halbieren und auf einer Platte anrichten. Soße darübergießen und mit Kapern und Sardellenfilets garnieren. Gekühlt servieren.

Thunfisch-Bohnensalat

Tonno e fagioli

Ein deftiger Salat, der auch ein leichtes Mahl ergibt und schnell zubereitet ist. Zudem können beide Zutaten, da in der Dose, gut bei den Vorräten gelagert werden.

Zutaten

800 g weiße Bohnen (aus der Dose)
400 g Thunfisch in Öl (abgetropft)
60 ml extra-vergine Olivenöl
2 El frischer Zitronensaft
Salz und frisch gemahlenen schwarzen Pfeffer
1 El fein gehackte Petersilie
3 Frühlingszwiebeln, fein geschnitten

Für 4-6 Personen

1. ▲ Bohnen unter fließendem, kalten Wasser abspülen. Gut abtropfen lassen. In eine Schüssel geben.

2. ▲ Thunfisch in Stücke zerteilen und auf die Bohnen geben.

3. ▲ Das Öl mit dem Zitronensaft vermischen. Mit Salz und Pfeffer abschmecken, die Petersilie hinzufügen. Gut verrühren und über die Bohnen und den Thunfisch gießen.

4. ▲ Mit den geschnittenen Frühlingszwiebeln bestreuen. Gut durchziehen lassen.

Carpaccio auf Rauken

Carpaccio con rucola

Carpaccio ist ein feines Gericht, bestehend aus rohem Fleisch das mit Zitronensaft und Öl angemacht ist. Es wird mit Parmesan bestreut serviert. Verwenden Sie frisches Fleisch bester Qualität.

Zutaten
1 Zehe Knoblauch, geschält und halbiert
1 1/2 Zitronen
50 ml extra-vergine Olivenöl
Salz, frisch gemahlenen schwarzen Pfeffer
2 Bund Raukenblätter
4 Scheiben Rindfleisch, hauchdünn geschnitten
115 g Parmesan, in dünnen Scheiben
Für 4 Personen

1. Eine kleine Schüssel mit der Schnittseite der Knoblauchzehe überall ausreiben. Die Zitronen über der Schüssel ausdrücken. Olivenöl einrühren. Mit Salz und Pfeffer würzen und die Soße 5 min. ziehen lassen.

2. ▲ Die Raukenblätter vorsichtig waschen und von den dicken Teilen der Stengel befreien. Trockentupfen. Auf der Servierplatte die Raukenblätter rundherum anordnen.

3. ▲ Das Fleisch darauflegen und die Soße über die Fleischscheiben träufeln. Die Parmesanflocken darauf verteilen und servieren.

Thunfisch in Paprika

Peperoni rossi con ripieno di tonno

Gegrillter roter Paprika schmeckt rauchig und leicht süßlich. Er harmoniert vorzüglich mit dem Fisch. Diese Spezialität stammt aus Süditalien.

Zutaten
3 große rote Paprika
200 g Thunfisch aus der Dose, abgetropft
2 El frisch gepreßter Zitronensaft
3 El Olivenöl
6 grüne oder schwarze Oliven, entsteint und gehackt
1 Zehe Knoblauch, gehackt
1 mittelgroßer Stengel Staudensellerie, sehr fein gehackt
Salz und frisch gemahlenen schwarzen Pfeffer
Für 4-6 Personen

1. Paprikaschoten grillen (im Backofen oder auf dem Holzkohlegrill) dabei gelegentlich drehen bis sie schwarz sind und die Haut Blasen wirft. Vom Grill nehmen und in eine Papiertüte geben.

2. ▲ Nach ca. 5 min. die Paprika schälen und vierteln und von Stengelansatz und Kernen befreien.

3. Währenddessen den Thunfisch mit der Gabel zerdrücken und mit Zitronensaft und Olivenöl verrühren. Die restlichen Zutaten ebenfalls untermengen und mit Salz und Pfeffer abschmecken.

4. ▲ Paprikaviertel mit der Hautseite nach unten flach auslegen. Das Thunfischgemisch gleichmäßig darauf verteilen und glattstreichen. Nun den Paprika einrollen. Eine Stunde in den Kühlschrank stellen und vor dem Servieren die Paprikarollen halbieren.

Gefüllte Miesmuscheln

Cozze gratinate

Diese schmackhaften Appetithappen kommen aus Süditalien. Anstatt der Miesmuscheln können ebenso gut große Venusmuscheln genommen werden.

Zutaten
750 g frische, große Miesmuscheln in der Schale
75 g weiche Butter
25 g Semmelbrösel
2 Knoblauchzehen, fein gehackt
3 El fein gehackte Petersilie
25 g geriebenen Parmesan
Salz und frisch gemahlenen schwarzen Pfeffer
Für 4 Personen

1. ▲ Den „Bart" abschneiden, Muscheln unter fließendem, kalten Wasser abbürsten. Backofen auf E 230°, Gas Stufe 8 vorheizen.

2. ▲ Muscheln mit einer Tasse Wasser in einen Topf geben und bei mäßiger Hitze dünsten. Sowie sich die Schalen öffnen, aus dem Topf nehmen und die leeren Hälften abbrechen. (Geschlossene Muscheln nicht verwenden.)

3. ▲ Die übrigen Zutaten in eine Schüssel geben und gut miteinander verrühren. Im Wasserbad erwärmen, bis das Gemisch ganz weich ist.

4. ▲ Muschelhälften auf das Backblech setzen und die Füllung gleichmäßig in die Schalen neben und über die Muschel streichen. Ca. 7 min. backen, bis sie leicht bräunlich wird. Direkt aus dem Ofen servieren.

Eier-Käsesuppe

Stracciatella

In dieser klassischen, romanischen Suppe ergeben die Eier mit dem Käse in der heißen Brühe das charakterisische, flokige Aussehen des Gerichts.

Zutaten
3 Eier
3 El Grieß
6 El geriebenen Parmesan
Prise Muskat, frisch gerieben
1,5 l Fleisch- oder Hühnerbrühe
Salz und frisch gemahlenen schwarzen Pfeffer
12 Scheiben Baguette zum Servieren
Für 6 Personen

1. ▲ Eier in eine Schüssel schlagen und mit Grieß und Käse vermischen. Mit Muskat würzen und eine Tasse der kalten Brühe unterrühren.

2. ▲ Währendesssen die Brühe in einem Topf heiß werden lassen.

3. ▲ Wenn die Suppe heiß ist, das Eigemisch vorsichtig einrühren. Mit Salz und Pfeffer würzen. Die Suppe 3-4 min. so lassen, aber nicht kochen.

4. ▲ Brotscheiben toasten und jeweils 2 in einen Suppenteller legen. Die heiße Suppe darübergießen und sofort servieren.

Minestrone mit Pesto

Minestrone con pesto

Minestrone ist eine dicke Gemüsesuppe, wobei das Gemüse je nach Saison wechselt. Kurze Pasta oder Reis machen sie fast zum Eintopf. Diese Version enthält zudem Pesto.

Zutaten
1,5 l Fleischbrühe oder Wasser, oder beides
3 El Olivenöl
1 große Zwiebel, fein gehackt
1 Stange Lauch, in Scheiben geschnitten
2 Karotten, gewürfelt
1 Stange Staudensellerie, gewürfelt
2 Knoblauchzehen, fein gehackt
2 Kartoffeln, geschält und gewürfelt
1 Lorbeerblatt
1 kleiner Zweig frischer Thymian
Salz und frisch gemahlenen schwarzen Pfeffer
115 g Erbsen (frsich oder gefroren)
2-3 kleine Zucchini,gehackt
3 mittelgroße Tomaten, geschält und kleingeschnitten
425 g weiße Bohnen, gekocht oder aus der Dose
3 El Pestosoße
etwas frisch geriebenen Parmesan
Für 6 Personen

1. Die Fleischbrühe oder das Wasser in einem Topf zum Kochen bringen.

2. ▲ In einem anderen großen Topf das Olivenöl heiß werden lassen. Zwiebel und Lauch dazugeben und unter ständigem Rühren die Zwiebeln weich schmoren lassen. Kartoffeln beifügen, 2-3 min. weiterköcheln. Dabei häufig umrühren.

3. Die heiße Brühe oder das Wasser dazuschütten und umrühren. Mit den Kräutern und Salz und Pfeffer würzen. 10-12 min. köcheln lassen.

4. Erbsen und Zucchini zugeben und weitere 5 min. köcheln lassen. Sollten die Erbsen gefroren sein, jetzt zugeben, ebenso die Tomaten. Topf zudecken und 5-8 min. kochen.

5. ▲ Die Bohnen einrühren. Weitere 10 min. ziehen lassen. Jetzt das Pesto beifügen und eventuell nachwürzen. Alles noch einmal bei geschlossenem Topf 5 min. ziehen lassen, dann vom Herd nehmen. Suppe etwas ruhen lassen, mit Parmesan bestreuen und servieren.

Kürbissuppe

Minestrone di zucca

Diese Suppe paßt hervorragend zu einem Abendessen im Herbst.

Zutaten
450 g Kürbis, geschält und in Stücke geschnitten
50 g Butter
1 mittelgroße Zwiebel, fein gehackt
750 ml Hühnerbrühe oder Wassser
475 ml Milch
Eine Prise Muskatnuß
Salz und frisch gemahlenen schwarzen Pfeffer
40 g Spaghetti, in kleine Stücke gebrochen
6 El frisch geriebenen Parmesan
Für 4 Personen

1. Das Kürbisfleisch in ca. 2,5 cm große Würfel schneiden.

2. ▲ Butter in einem Topf heiß werden lassen, Zwiebel hinzufügen und 2-3 min. andünsten.

3. Die Brühe oder das Wasser dazugießen und ca. 15 min. köcheln lassen, bis der Kürbis weich ist. Suppe etwas auskühlen lassen.

4. Suppe im Mixer pürieren und in den Topf zurückgeben. Milch und Muskat dazugeben. Mit Salz und Pfeffer abschmecken. Suppe wieder zum Kochen bringen.

5. Die zerbrochenen Spaghetti zugeben und kochen bis die Pasta fertig ist. Parmesan unterrühren und servieren.

Broccolisuppe

Zuppa di broccoletti

In der Gegend um Rom wächst der Broccoli in Hülle und Fülle.

Zutaten
675 g Broccoli, in Röschen geteilt
1 3/4 l Hühner-oder Gemüsebrühe
Salz und frisch gemahlenen schwarzen Pfeffer
1 El frisch gepreßter Zitronensaft
6 Scheiben Weißbrot
1 große Knoblauchzehe
frisch geriebenen Parmesan
Für 4-6 Personen

1. Mit einem kleinen, scharfen Messer die Broccolistengel schälen. Vom Strunk her sachte zu den Röschen hinauf die Haut abziehen. Den Broccoli in ganz kleine Röschen teilen, den Strunk klein schneiden.

2. Die Brühe in einem Topf zum Kochen bringen, den Broccoli hinzufügen und kochen bis er weich ist.

3. ▲ Die Hälfte der Suppe pürieren und wieder in den Topf geben. Mit Salz, Pfeffer und Zitronensaft würzen.

4. ▲ Vor dem Servieren einmal kurz aufkochen lassen. Das Brot toasten, mit einer Knoblauchzehe einreiben und vierteln. 3 oder 4 Stücke davon jeweils in einen Suppenteller legen und die Suppe darauf gießen. Je nach Geschmack mit Parmesan bestreuen.

Tomatensuppe mit Brot

Pappa al pomodoro

Diese farbenfrohe florentinische Suppe wurde erfunden, um altes Brot zu verbrauchen. Wenn keine frischen, reifen Tomaten zur Hand sind, können auch Dosentomaten verwendet werden.

Zutaten
6 El Olivenöl
175 g altes Weißbrot (in 2,5 cm große Scheiben geschnitten)
1 mittelgroße Zwiebel, fein gehackt
2 Zehen Knoblauch, fein gehackt
675 g Tomaten, geschält und klein geschnitten
3 El frisches Basilikum
1,5 l Fleischbrühe oder Wasser (oder beides)
Salz und frisch gemahlenen schwarzen Pfeffer
Extra-vergine Olivenöl (bei Bedarf)
Für 4 Personen

1. 4 El Öl in einem großen Topf heiß werden lassen. Die Brotwürfel darin goldbraun rösten, dann herausnehmen und auf Küchenpapier abtropfen lassen.

2. ▲ Im restlichen Olivenöl Zwiebeln und Knoblauch weich schmoren. Tomaten, Brot und Basilikum hinzufügen. Mit Salz abschmecken. Bei mittlerer Hitze schmoren lassen, ca. 15 min., dabei von Zeit zu Zeit umrühren.

3. Währenddessen die Fleischbrühe heiß werden lassen. In den Topf zu den Tomaten schütten. Alles gut durchrühren und kurz aufkochen. Dann die Hitze reduzieren und 20 min. köcheln lassen.

4. ▲ Den Topf vom Herd nehmen. Mit einer Gabel die Tomaten und das Brot zerdrücken. Mit Pfeffer würzen und eventuell nachsalzen. Vor dem Servieren 10 min. stehen lassen und bei Bedarf etwas extra-vergine Olivenöl unterrühren.

Weiße Bohnensuppe

Minestrone di fagioli

Ein dicker Brei aus getrockneten, gekochten Bohnen ist der Hauptbestandteil dieser kräftigen, ländlichen Suppe aus der Toscana. Sie ist eher für die kühlere Jahreszeit geeignet.

Zutaten
350 g getrocknete weiße Bohnen
1 Lorbeerblatt
5 El Olivenöl
1 mittelgroße Zwiebel, fein gehackt
1 Karotte, fein gehackt
1 Stengelstaudensellerie, fein geschnitten
3 mittelgroße Tomaten, geschält und gewürfelt
2 Zehen Knoblauch
1 Tl frischer Thymian oder 1/2 Tl getrockneter
750 ml kochendes Wasser
Salz und frisch gemahlenen schwarzen Pfeffer
extra-vergine Olivenöl zum Servieren
Für 6 Personen

1. ▲ Bohnen waschen, Steine und Schmutzartikel entfernen und in kaltem Wasser über Nacht einweichen. Gut abtropfen lassen. Die Bohnen in einem großen Topf mit Wasser zum Kochen bringen und 20 min. köcheln. Herausnehmen und abtropfen lassen. Die Bohnen wieder in den Topf geben, mit kaltem Wasser bedecken und wieder zum Kochen bringen. Das Lorbeerblatt hinzugeben und alles ca. 1 1/2 Stunden kochen lassen bis die Bohnen weich sind.

2. Drei Viertel der Bohnen in einer Küchenmaschine pürieren oder durch ein Sieb passieren. Wenn nötig mit etwas Wasser.

3. Das Öl in einem Topf erhitzen. Zwiebel darin schmoren bis sie weich ist. Karottenstücke und Sellerie zugeben und weitere 5 min. schmoren lassen.

4. ▲ Tomaten, Knoblauch und Thymian einrühren und unter öfterem Rühren 6-8 min. weiter schmoren lassen.

5. ▲ Kochendes Wasser zugeben, Bohnen und Bohnenpüree einrühren. Mit Salz und Pfeffer abschmecken. 10-15 min. köchelnd ziehen lassen. In kleinen Suppenterrinen servieren. Vorher in jede Schüssel etwas extra-vergine Olivenöl geben.

Fischsuppe

Ciuppin

Ligurien ist berühmt für seine Fischsuppen. In dieser wird der Fisch in einer Gemüsebrühe gekocht und dann püriert. Die Suppe kann auch als Pastasoße verwendet werden.

Zutaten
1 kg gemischten Fisch oder Fischstücke (Kabeljau, Meeräsche, Weißfische)
6 El Olivenöl und etwas zum Servieren
1 mittelgroße Zwiebel, fein gehackt
1 Stange Staudensellerie, fein gehackt
1 Karotte, geschnitten
4 El frische Petersilie
175 ml trockenen Weißwein
3 mittelgroße Tomaten, geschält und gewürfelt
2 Zehen Knoblauch, fein gehackt
1und ein halber l kochendes Wasser
Salz, frisch gemahlenen schwarzen Pfeffer
Weißbrotscheiben zum Servieren
Für 6 Personen

1. ▲ Die Fische schuppen und ausnehmen, die Köpfe bleiben dran. In große Stücke schneiden und gut säubern.

2. Öl in einem großen Topf erhitzen, Zwiebeln darin anschmoren. Wenn sie weich sind, Sellerie und Karottenstücke zufügen und alles weiter 5 min. schmoren lassen. Petersilie zugeben.

3. ▲ Mit dem Wein ablöschen und solange kochen, bis die Hälfte der Flüssigkeit verdunstet ist. Tomaten und Knoblauch beigeben, unter gelegentlichem Rühren 3-4 min. weiterköcheln lassen. Kochendes Wasser zuschütten und alles bei mittlerer Hitze weitere 15 min. kochen.

4. Fischstücke zugeben und 10-15 min. köcheln lassen, bis der Fisch weich ist. Mit Salz und Peffer abschmecken.

5. ▲ Fischstücke aus der Suppe nehmen und Gräten herausbeinen. Fisch pürieren. Wieder in die Suppe geben, eventuell nachwürzen. Wenn die Suppe zu dick ist, etwas Wasser hinzufügen.

6. Die Brotscheiben toasten und mit Olivenöl beträufeln. 2 oder 3 Scheiben in jeden Teller legen, Suppe darübergeben und sehr heiß servieren.

~ **VARIATION** ~

Wenn die Suppe als Pastasoße verwendet wird, das Ganze einfach dicker einkochen lassen.

Gersten- und Gemüsesuppe

Minestrone d'orzo

Diese Suppe kommt aus den nördlichen Regionen Italiens. Sie ist eine dicke, nahrhafte Wintersuppe. Servieren Sie getoastetes Brot und Butter dazu.

Zutaten
225 g Gerste, abgetropft
2 El Fleischbrühe oder Wasser
3 El Olivenöl
2 Karotten, fein geschnitten
1 Stange Lauch, in dünnen Scheiben
1 große Zwiebel, gehackt
2 Stangen Sellerie, fein gehackt
115 g Schinken, gewürfelt
1 große Kartoffel, klein gewürfelt
1 Lorbeerblatt
3 El frische Petersilie
1 kleiner Zweig frischen Rosmarin
Salz und frisch gemahlenen schwarzen Pfeffer
frisch geriebenen Parmesan
Für 3-4 Personen

1. Die Gerste verlesen, Steinchen und Schmutzpartikel entfernen. Mit kaltem Wasser waschen, 3 Stunden in kaltem Wasser einweichen.

2. Gerste abtropfen lassen und mit dem Wasser oder der Fleischbrühe zum Kochen bringen. Hitze reduzieren und eine Stunde auf kleiner Flamme köcheln. Abschaumen.

3. ▲ Das Öl, Gemüse und den Schinken einrühren. Kräuter hinzufügen. Wenn nötig, etwas Wasser zugießen. Die Zutaten sollten fingerbreit mit Wasser bedeckt sein. 1-11/2 Stunden köcheln lassen, bis die Gerste und alles Gemüse sehr weich ist.

4. ▲ Die Suppe mit Salz und Pfeffer abschmecken. Sehr heiß, mit geriebenem Parmesan bestreut servieren.

~ **VARIATION** ~

Eine sehr gute vegetarische Version entsteht, wenn man die Fleischbrühe mit Gemüsebrühe ersetzt und den Schinken wegläßt.

Reis- und Bohnensuppe

Minestra di riso e fave

Diese dicke Suppe wird gern gemacht, wenn die Bohnen auf dem Markt sind. Zu einer anderen Jahreszeit kann sie aber auch aus gefrorenen Bohnen gekocht werden.

Zutaten
1 kg helle, gemischte Bohnen in der Schote oder 400 g gefrorene Bohnen, aufgetaut
6 El Olivenöl
1 mittelgroße Zwiebel, fein gehackt
Salz, frisch gemahlenen schwarzen Pfeffer
2 mittelgroße Tomaten, geschält und in kleine Würfel geschnitten
225 g Reis, nicht gekocht
25 g Butter
1l kochenden Wasser
frisch geriebenen Parmesan zum Servieren
Für 4 Personen

1. ▲ Frische Bohnen aus der Schote nehmen. Wasser zum Kochen bringen, die Bohnen blanchieren, abspülen und aus der Haut pellen.

2. Öl in einem großen Topf erhitzen, Zwiebel hinzufügen und bei geringer Hitze weich schmoren lassen. Die Bohnen einrühren und unter ständigem Rühren 5 min. schmoren lassen. Mit Salz und Pfeffer abschmecken. Tomaten hinzufügen und unter Rühren 5 min. weiterschmoren.

3. Reis hinzufügen, umrühren. Nach 1-2 min. die Butter beigeben und rühren bis sie geschmolzen ist. Mit dem Wasser aufgießen und noch einmal abschmecken. So lange köcheln lassen, bis der Reis weich ist. Heiß und mit Parmesan bestreut, servieren.

Bohnen-Pastasuppe

Pasta e fagioli

Diese rustikale Suppe ist dick und nahrhaft. Sie wird in Italien aus frischen oder getrockneten Bohnen hergestellt und heiß serviert.

Zutaten
300 g getrocknete, weiße Bohnen
400 g Tomaten aus der Dose, gewürfelt mit Saft
3 Zehen Knoblauch, zerdrückt
2 Lorbeerblätter
etwas grob gemahlenen schwarzen Pfeffer
6 EL Olivenöl, und etwas zum Servieren
750 ml Wasser
2 TL Salz
200 g von einer kleinen Pasta
3 EL frische Petersilie, gehackt
frisch geriebenen Parmesan
Für 4-6 Personen

1. Bohnen über Nacht einweichen, abspülen und abtropfen lassen.

2. Bohnen in einen großen Topf geben, mit Wasser bedecken und 10 min. kochen. Wieder abspülen und abtropfen lassen.

3. ▲ Die Bohnen zurück in den Topf geben. Soviel Wasser dazugeben, daß sie fingerbreit bedeckt sind. Die Tomaten mitsamt dem Saft, Knoblauch, Lorbeerblätter, schwarzen Pfeffer und das Öl unterrühren. Das Ganze ca. 2 Std. köcheln lassen, bis die Bohnen weich sind.

4. ▲ Lorbeerblätter herausnehmen und die Hälfte der dicken Bohnenmasse pürieren. Den Brei wieder zurück in den Topf geben, das Wasser zufügen, alles gut verrühren und die Suppe zum Kochen bringen.

5. ▲ Salzen, Pasta darin „al dente" kochen. Nun die Petersilie untermengen und bei Bedarf nachsalzen. Vom Feuer nehmen und 10 min. stehen lassen. Ein paar Tropfen Olivenöl in jeden Suppenteller geben und servieren. Den Parmesan gesondert reichen.

Linsen-Pastasuppe

Pasta e lenticchie

Die braunen Linsen, welche in Mittelitalien angebaut werden, sind das „Herz" dieser Suppe. Sie können aber auch durch grüne Linsen ersetzt werden.

Zutaten
225 g getrocknete braune oder grüne Linsen
6 EL Olivenöl
50 g Schinken oder Speck, in Würfel geschnitten
1 mittelgroße Zwiebel, gehackt
1 Stange Staudensellerie, gehackt
1 Karotte, gehackt
2 l Hühnerbrühe oder Wasser oder beides gemischt
1 frisches Salbeiblatt oder eine Prise getrockneten Salbei
1 kleinen Zweig frischen Thymian oder eine kräftige Prise getrockneten
Salz, frisch gemahlenen schwarzen Pfeffer
175 g einer kleinen Pasta
Für 4-6 Personen

1. ▲ Linsen verlesen, kleine Steinchen etc. entfernen und in kaltem Wasser einweichen. 2-3 Stunden stehen lassen, spülen und gut abtropfen lassen.

2. ▲ Das Öl in einem großen Topf erhitzen. Schinken oder Speck 2-3 min. darin anbraten. Zwiebel hinzufügen und schmoren lassen, bis sie weich sind.

3. ▲ Sellerie und Karotten zugeben und unter Rühren ein paar Minuten weich schmoren lassen. Nun die Linsen gut untermengen.

4. ▲ Brühe oder Wasser dazuschütten, Kräuter untermengen und alles aufkochen. Hitze reduzieren und ca. 1 Stunde köcheln lassen bis die Linsen weich sind. Mit Salz und Pfeffer abschmecken.

5. Die Pasta einrühren und kochen bis diese weich ist. Vor dem Servieren ein paar Minuten stehen lassen.

Kichererbsen-Pastasuppe

Pasta e ceci

Noch eine dicke Suppe aus Mittelitalien. Durch den Rosmarinzweig erhält dieses Gericht seinen typischen, südländischen Geschmack.

Zutaten
200 g getrocknete Kichererbsen
3 Zehen Knoblauch
1 Lorbeerblatt
6 EL Olivenöl
Salz und frisch gemahlenen schwarzen Pfeffer
50 g Speck oder Schinken, gewürfelt
1 Zweig frischer Rosmarin
600 ml Wasser
150 g kleine Pasta
frisch geriebenen Parmesan
Für 4-6 Personen

1. ▲ Die Kichererbsen über Nacht in kaltem Wasser einweichen. Gut spülen und abtropfen lassen. In einem großen Topf, mit Wasser bedeckt 15 min. kochen. Erbsen spülen und abtropfen lassen.

2. ▲ Wieder in den Topf geben und abermals mit Wasser fingerdick bedecken. 1 Knoblauchzehe, Lorbeerblatt, 3 El des Öls, Salz und Pfeffer dazugeben.

3. ▲ Das Ganze ca. 2 Stunden köcheln lassen, bis die Erbsen weich sind. Wenn nötig etwas Wasser nachfüllen. Das Lorbeerblatt herausnehmen. Die Hälfte der Erbsen pürieren und zu der anderen Hälfte im Topf und dem Wasser zurückgeben. Gut verrühren.

4. ▲ Das restliche Öl erhitzen, den Speck mit den Knoblauchzehen und dem Rosmarinzweig darin goldgelb braten. Knoblauch und Rosmarin herausnehmen.

5. Den Speck mitsamt dem Öl in den Erbsenbrei geben.

6. ▲ Die 600 ml Wasser dazurühren und alles zum Kochen bringen. Wenn nötig, nachwürzen. Pasta einrühren und die Suppe köcheln lassen, bis die Pasta „al dente" ist. Den Parmesan extra servieren.

~ KOCH-TIP ~

Vor dem Servieren sollte die Suppe 10 min. stehen können, sie zieht dann gut durch und schmeckt noch besser.

GEMÜSE

Gemüse ist wohl beinahe das Wichtigste in der italienischen Küche. Es wird auf die unterschiedlichsten Arten zubereitet, eine schmackhafter und phantasievoller als die andere. Die frischen Farben von reifem Gemüse sorgen dafür, daß auch dem Auge ein Genuß bereitet wird.

Gefüllte Artischocken

Carciofi ripieni

Artischocken wachsen in Süditalien nahezu wild. Sie werden auf viele verschiedene Arten zubereitet.

Zutaten
1 Zitrone
6 große Artischocken
Für die Füllung
2 Scheiben Weißbrot ohne Rinde (ca. 50 g)
3 Sardellenfilets, feingehackt
2 Zehen Knoblauch, feingehackt
2 El Kapern, abgetropft und feingehackt
3 El Petersilie, fein gehackt
4 El Semmelbrösel
5El Olivenöl
Salz, frisch gemahlenen schwarzen Pfeffer
Zum Backen
1 Zehe Knoblauch, geviertelt
1 Zweig frische Petersilie
4 El Olivenöl
Für 6 Personen

1. Für die Füllung das Brot 5 min. in Wasser einweichen, ausdrücken und mit den anderen Zutaten vermischen. Den Backofen auf E 190°, Gas Stufe 5 vorheizen.

2. ▲ Zitrone auspressen. Den Saft und die ausgedrückten Hälften in eine große Schüssel mit kaltem Wasser legen. Die Artischocken waschen und folgendermaßen zubereiten:
Stiele zurückschneiden und die harten Außenfasern an den selben mit einem scharfen Messer abschälen. Die trockenen äußeren Blätter und die stacheligen Spitzen der übrigen Blätter abschneiden.

3. ▲ Die Blätter in der Mitte vorsichtig auseinanderspreizen und mit einem kleinen Löffel das sogenannte Heu herauskratzen. Sowie jede Artischocke so vorbereitet wurde, jede gleich ins Zitronenwasser legen, das verhindert eine Braunfärbung der Artischocke.

4. ▲ Knoblauch und Petersilienblätter in eine Auflaufform legen. 1 cm hoch Wasser einfüllen. Die Artischocken aus der Schüssel nehmen, kurz abtropfen lassen und die Füllung in die entstandene Aushöhlung der Artischocken füllen. Mit dem Stiel nach oben in die Auflaufform setzen und über jede Artischocke etwas Öl träufeln. Mit Folie abdecken und ca. 1 Stunde backen, bis sie zart sind.

Spargel mit Eiern

Asparagi alla milanese

Der feine Geschmack des frischen Spargels, kombiniert mit Eiern und dem würzigen Parmesan, ergibt ein sehr leckeres, leichtes Gericht.

Zutaten
450 g frischen Spargel
65 g Butter
4 Eier
4El geriebenen Parmesan
Salz , frisch gemahlenen schwarzen Pfeffer
Für 4 Personen

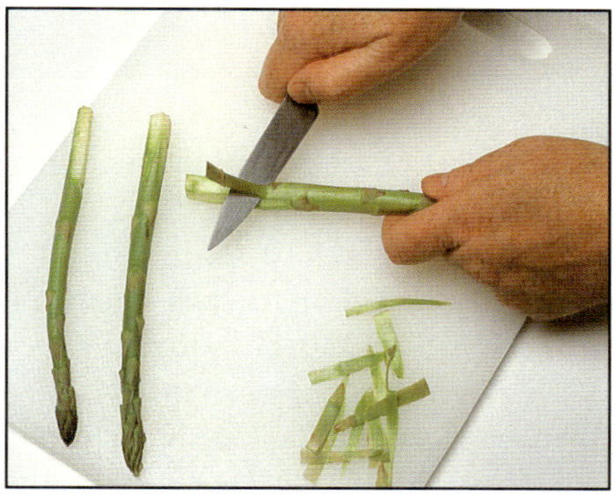

1. ▲ Die dicken, holzigen Stengelteile vom Spargel abschneiden. Mit einem scharfen Messer oder einem Spargelschäler die Spargelstangen von unter zur Spitze hin schälen. Das obere Drittel ist meist so zart, daß es nicht mehr geschält werden muß.

2. Einen großen Topf voll Wasser zum Kochen bringen. Den Spargel darin kochen, bis er weich ist.

3. ▲ Währenddessen 1 Drittel der Butter in einer Pfanne heiß werden lassen. Die Eier aufbrechen, in die Pfanne gleiten lassen und zu Spiegeleiern braten.

4. ▲ Sowie der Spargel gar ist, aus dem Wasser nehmen und gut abtropfen lassen. Sodann auf vorgewärmte Teller verteilen, auf jede Portion ein Spiegelei legen und mit Parmesan bestreuen.

5. ▲ Die restliche Butter zerlaufen lassen und über den Käse verteilen. Mit Salz und Pfeffer würzen und heiß servieren.

Gedünstete Artischocken

Carciofi in umido

Diese Artischocken können als Beilage zu Fleisch gereicht werden, schmecken aber auch als kleine Zwischenmahlzeit mit Brot.

Zutaten
1 Zitrone
4 große oder 6 kleine Artischocken
25 g Butter
6 El Olivenöl
2 Zehen Knoblauch, fein gehackt
4 El frische Petersilie, feingehackt
Salz ,frisch gemahlenen schwarzen Pfeffer
3 El Wasser
9 El Milch
9 El Weißwein
Für 6 Personen

1. Die Zitrone ausdrücken und den Saft und die Zitronenhälften in eine große Schüssel mit kaltem Wasser legen. Artischocken waschen und die Stiele zurückschneiden. Mit einem scharfen Messer die harten Außenfasern abschneiden. Die kleinen Blätter rund um den Stiel abschneiden, ebenso die äußeren braunen Blätter.

2. ▲ Die Spitzen der verbliebenen Blätter kappen und die Artischocken vierteln.

3. Aus jedem Viertel das „Heu" herausschaben. Gleich ins Zitronenwasser legen, damit sie nicht braun werden, solange der Rest vorbereitet wird.

4. Die Artischocken 4-5 min. in kochendem Wasser blanchieren und dann abtropfen lassen.

5. ▲ Butter und Olivenöl in einem Topf erhitzen. Knoblauch und Petersilie dazugeben und 2-3 min. leicht anbraten. Artischocken zugeben und mit Salz und Pfeffer würzen. Wasser und Milch zufügen und köcheln lassen, bis die Flüssigkeit verdunstet ist. Den Wein zugießen, Topf schließen und die Artischocken weich dünsten. Heiß oder bei Raumtemperatur servieren.

Grüne Bohnen mit Tomaten

Fagiolini verdi con pomodori

Dieses Gericht schmeckt besonders gut, wenn die sonnengereiften Tomaten auf dem Markt sind.

Zutaten
450 g grüne Bohnen
3 El Olivenöl
1 mittelgroße Zwiebel, wenn vorhanden eine rote, sehr fein geschnitten
350 g Tomaten, frisch oder aus der Dose, geschält und fein gehackt
125 ml Wasser
Salz , frisch gemahlenen schwarzen Pfeffer
5-6 Blätter Basilikum, in Streifen geschnitten
Für 4-6 Personen

1. Die Stengelansätze der Bohnen abschneiden, Bohnen unter kaltem Wasser waschen. Abtropfen lassen.

2. ▲ Das Öl in einer Pfanne erhitzen. Zwiebelstreifen dazugeben und 5-6 min. weichschmoren. Die Tomaten zufügen und bei mittlerer Hitze 6-8 min. schmoren lassen, bis sie weich sind. Das Wasser dazugeben und mit Salz und Pfeffer würzen. Basilikum einrühren.

3. ▲ Bohnen in die Pfanne geben und in der Soße drehen, so daß sie davon bedeckt sind. Die Pfanne zudecken und bei mittlerer Hitze 15-20 min. alles weichschmoren lassen. Hie und da umrühren und wenn nötig etwas Wasser zugießen. Dieses Gericht kann heiß oder kalt serviert werden.

Auberginen mit Käse überbacken

Parmigiani di melanzane

Dieses bekannte Gericht stammt aus Süditalien.

Zutaten
1 kg Auberginen
Mehl zum Wenden
Öl zum Braten
35 g frisch geriebenen Parmesan
400 g Mozzarella, in dünnen Scheiben
Salz, frisch gemahlenen schwarzen Pfeffer
Für die Tomatensoße
4 El Olivenöl
1mittelgroße Zwiebel, sehr fein gehackt
1 Zehe Knoblauch, fein gehackt
450 g Tomaten, frisch oder aus der Dose, geschält und gewürfelt
Salz, frisch gemahlenen schwarzen Pfeffer
Einige Blätter frisches Basilikum, geschnitten
Für 4-6 Personen

1. Die Auberginen waschen und in 1 cm dicke Scheiben schneiden. Mit Salz bestreut eine Stunde stehen lassen.

2. ▲ Währenddessen die Tomatensoße folgendermaßen zubereiten: Das Öl in einem Topf erhitzen. Zwiebel dazugeben und bei mittlerer Hitze 5-8 min. weichschmoren. Tomaten und Knoblauch dazugeben. (Wenn frische Tomaten verwendet werden, 3 El Wasser zufügen.) Mit Salz und Pfeffer würzen. Basilikum unterrühren und 20-30 min. köcheln lassen. In einem Mixer pürieren.

3. Die Auberginenscheiben mit einem Küchenpapier trockentupfen. In Mehl wenden. Etwas Öl in einer Pfanne erhitzen und eine Lage Auberginenscheiben hineingeben. Braten bis die Unterseite leicht bräunlich ist. Dann umdrehen und von der anderen Seite braten. Aus der Pfanne nehmen und die nächste Lage braten.

4. Backofen auf E 180° vorheizen. Eine Auflaufform ausbuttern. Etwas Tomatensoße auf den Boden der Form geben. Mit einer Lage Auberginen bedecken, mit etwas Parmesan bestreuen. Würzen, eine Lage Mozzarellascheiben darübergeben. Wieder Tomatensoße darübergießen und wie vorher weitermachen. So Lage für Lage schichten, bis alle Zutaten verbraucht sind. Mit der Tomatensoße, die mit Parmesan bestreut ist, aufhören. Mit etwas Oliven-öl das Ganze beträufeln und ca. 45 min. überbacken.

Auberginen, süß-sauer

Caponata

Dieses delikate Gericht ist eine Kombination von Auberginen und Sellerie in einer pikanten Soße.

Zutaten
700 g Auberginen
2 El Olivenöl
1 mittelgroße Zwiebel, fein gehackt
1 Zehe Knoblauch, fein gehackt
225 g Tomaten aus der Dose, geschält und fein gehackt
125 ml Weißweinessig
2 El Zucker
Salz, frisch gemahlenen schwarzen Pfeffer
zarte Mittelstücke von einigen Selleriestangen, ca. 175 g
2 El Kapern, gespült und abgetropft
75 g grüne Oliven, entsteint
Öl zum Frittieren
2 El frisch gehackte Petersilie
Für 4 Personen

1. Die Auberginen waschen und in kleine Würfel schneiden. Mit Salz bestreuen und 1 Stunde in einem Sieb stehen lassen, zum Abtropfen.

2. ▲ Das Öl in einem Topf erhitzen, Zwiebel darin braten, bis sie weich ist. Knoblauch und Tomaten dazugeben und 10 min. schmoren. Essig, Zucker und Pfeffer einrühren. Die Soße weitere 10 min. köcheln lassen. Die Selleriestangen in kochendem Wasser blanchieren, bis sie weich sind. Abspülen und in ca. 2 cm lange Stücke schneiden. In die Soße geben, Kapern und Oliven beigeben.

3. ▲ Die Auberginenwürfel mit Küchenpapier trockentupfen. Das Öl erhitzen und die Auberginenstücke darin goldbraun frittieren. Auf Küchenpapier abtropfen lassen.

4. Auberginen zu der Soße geben. Leicht mit dieser verrühren, salzen und pfeffern. Petersilie unterrühren. Alles 30 min. stehen lassen und bei Raumtemperatur servieren.

Karotten mit Marsala

Carote al marsala

Der liebliche Geschmack des Marsala paßt bestens zu den Karotten. Dieses Gericht stammt aus Sizilien.

Zutaten
50 g Butter
450 g Karotten, in dünnen Streifen
1 Tl Zucker
1/2 Tl Salz
50 ml Marsala
Für 4 Personen

1. Butter in einem Topf zerlassen, Karotten dazugeben. Diese in der Butter drehen, so daß sie ganz davon bedeckt sind. Zucker und Salz beigeben, untermischen.

2. ▲ Marsala dazugeben und 4-5 min. köcheln lassen.

3. ▲ Soviel Wasser zugießen, daß die Karotten knapp davon bedeckt sind. Topf schließen und alles dünsten lassen bis die Karotten zart sind. Den Deckel herunternehmen und die Flüssigkeit einkochen lassen. Heiß servieren.

Broccoli mit Öl und Knoblauch

Broccoletti saltati con aglio

Es ist dies eine einfache Möglichkeit blanchierten Broccoli in ein typisch italienisches Gericht zu verwandeln.

Zutaten
1 kg frischer Broccoli
6 El Olivenöl
2-3 Zehen Knoblauch, fein gehackt
Salz und frisch gemahlenen schwarzen Pfeffer
Für 6 Personen

1. ▲ Den Broccoli waschen. Die holzigen Teile am Stengelansatz entfernen. Stengel mit einem scharfen Messer schälen. Größere Broccoliröschen teilen.

2. ▲ Einen großen Topf voll Salzwasser zum Kochen bringen. Broccoli hineingeben, Hitze reduzieren, und die Broccoliröschen 5-6 min. leise kochend ziehen lassen. Sie sind fertig, wenn man die Stengel mit einer Gabel leicht anstechen kann.

3. ▲ In einer großen Pfanne das Öl erhitzen und den Knoblauch darin goldgelb braten. (Aufpassen, daß er nicht braun wird, weil er sonst bitter ist) Den Broccoli dazugeben und bei mittlerer Hitze 3-4 min. schmoren. Dabei diesen öfters im Öl wenden, so daß er davon bedeckt ist. Mit Salz und Pfeffer würzen und heiß servieren.

Wirsingroulade mit Fleischfüllung

Involtini di verza ripieni di carne

Gefüllte Kohlblätter sind ideal um übriggebliebenes, gekochtes Fleisch aufzubrauchen. Sie können durchaus als leichte Hauptmahlzeit gereicht werden.

Zutaten
1 Kopf Wirsingkohl
75 g Weißbrot
Milch zum Broteinweichen
350 g kaltes Fleisch, feingehackt oder frisches Hackfleisch
1 Ei
2 El feingehackte Petersilie
1 Zehe Knoblauch, feingehackt
50 g frisch geriebenen Parmesan
Prise Muskat
Salz und frisch gemahlenen schwarzen Pfeffer
5 El Olivenöl
1 mittelgroße Zwiebel, fein gehackt
250 ml trockenen Weißwein
Für 4-5 Personen

1. ▲ Die äußeren Blätter des Kohls abschneiden. (Den Innenteil für eine Suppe aufbewahren) In einem großen Topf Wasser zum Kochen bringen und die Blätter 4-5 min. blanchieren. Unter kaltem Wasser abspülen und abtropfen lassen. Den Rest mit einem Küchentuch abtupfen.

~ VARIATION ~

Kurz vor dem Servieren, heiße Tomatensoße darübergießen.

2. ▲ Rinde vom Brot schneiden. Das Innere des Brotes in Stücke brechen und in etwas Milch einweichen. Nach 5 min. herausnehmen und mit den Händen ausdrücken.

3. ▲ In einer Schüssel das Fleisch, Brot, Ei, die Petersilie und den Knoblauch vermischen. Mit Salz, Pfeffer und Muskat würzen.

4. ▲ Sehr große Kohlblätter teilen und die Mittelrippe entfernen, kleinere Blätter ganz lassen. Auf ein Arbeitsbrett auslegen. Auf das untere Blattende einen kleinen Löffel voll Füllung legen. Blätter zusammenrollen, dabei die seitlichen Blattenden nach innenschlagen. Jede Rolle leicht zwischen den Handflächen hin und her drehen, so daß die Kohlblätter zusammenbleiben.

5. ▲ In einer Pfanne (groß genug für alle Rouladen) das Öl heiß werden lassen. Zwiebel darin weichschmoren. Die Hitze reduzieren und die Wirsingrouladen hineinlegen. Von einer Seite leicht anbraten und dann vorsichtig drehen.

6. ▲ Die Hälfte des Weines dazugießen und diesen bei mittlerer Hitze verdunsten lassen. Den Rest des Weins beigeben, die Pfanne zudecken und alles 10-15 min. schmoren lassen. Den Deckel wieder abnehmen und die Flüssigkeit einkochen. Vor dem Servieren 5 min. stehen lassen.

Bohnenpüree mit Speck

Purea di fave con prosciutto

Geschälte helle Bohnen sind sehr zart und haben einen leicht süßlichen Geschmack. Ein rezenter Speck ist eine vortreffliche Ergänzung dazu.

Zutaten
1 kg frische helle Bohenn, in der Schale oder 400 g geschälte
1 mittelgroße Zwiebel, fein gehackt
2 kleine Kartoffeln, geschält und gewürfelt
50 g durchwachsenen Speck oder Prosciutto crudo
4 El extra-vergine Olivenöl
Salz, frisch gemahlenen schwarzen Pfeffer
Für 4 Personen

1. Die ungeschälten Bohnen in einen Topf geben und fingerbreit mit Wasser bedecken. Zum Kochen bringen und 5 min. sprudeln lassen. Abtropfen und wenn sie etwas ausgekühlt sind, schälen.

2. ▲ Die geschälten Bohnen mitsamt Zwiebel und Kartoffeln in einen Topf geben und mit Wasser bedecken. Kurz aufkochen lassen, Hitze reduzieren und 15-20 min. alles leise köchelnd ziehen lassen. Falls nötig zwischendurch noch etwas Wasser zufügen.

3. Den Speck in kleine Würfel schneiden. Öl erhitzen und die Speckwürfel darin goldgelb braten.

4. ▲ Das Bohnengemisch pürieren. Zurück in den Topf geben, eventuell einkochen lassen.. Öl mit dem Speck einrühren. Würzen und noch 2 min. köcheln lassen. Heiß servieren.

Frittierter Blumenkohl

Cavolfiore fritto

Frittieren ist in Italien eine sehr beliebte Art, Speisen zuzubereiten. Käse, Früchte, Fisch und Gemüse - alles wird frittiert.

Zutaten
1 großer Blumenkohl
1 Ei
Salz, frisch gemahlenen schwarzen Pfeffer
100 g Mehl
175 ml trockenen Weißwein
Öl zum Frittieren
Für 4 Personen

1. Blumenkohl in Salzwasser legen. Das Ei in eine kleine Schüssel schlagen und mit einer Gabel verquirlen. Würzen und das Mehl einrühren. Das gibt ein sehr dickes Gemisch. Wein angießen und verrühren. Wenn nötig noch etwas Wein zufügen, das Gemisch sollte ziemlich flüssig sein. 30 min. ruhen lassen.

2. Blumenkohl bißfest kochen, auskühlen lassen und in kleine Röschen teilen.

3.. ▲ Das Öl erhitzen E 185°. Wenn eine Brotkrume beim Hineingeben bruzzelt, hat es die richtige Temperatur. Die Blumenkohlröschen nun in dem Gemisch drehen und im Öl goldgelb frittieren.

4. ▲ Mit einem Löffelsieb aus dem Öl fischen und auf Küchenpapier abtropfen lassen. Leicht mit Salz bestreuen und heiß servieren.

Überbackener Fenchel

Finocchio gratinato

Fenchel wird in Itaeien roh und gekocht gegessen. Sein feines Aroma wird mit dem würzigen Geschmack des Parmesans auf das vortrefflichste ergänzt..

Zutaten
1 kg Fenchelknollen, gewaschen und halbiert
50 g Butter
40 g frisch geriebenen Parmesan
Für 4-6 Personen

1. ▲ Den Fenchel in Salzwasser kochen oder dünsten, bis er zart, aber nicht zu weich ist. Den Backofen auf E 200°, Gas Stufe 6 vorheizen.

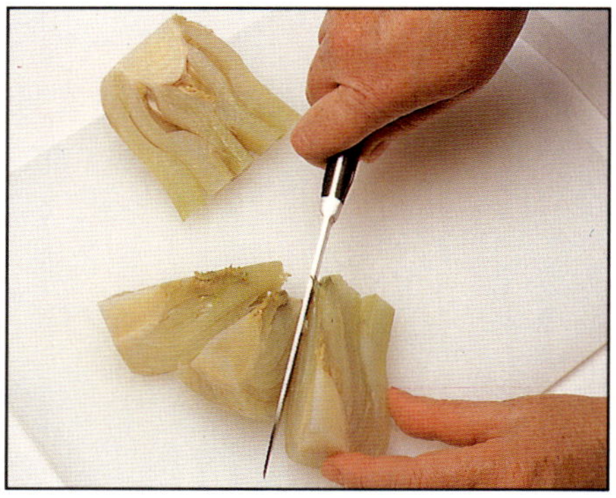

2. ▲ Die Fenchelhälften in 3 oder 4 Teile schneiden und in eine gebutterte Auflaufform legen.

3. ▲ Butterflöckchen daraufsetzen und mit Parmesan bestreuen. Ca. 20 min. backen, bis der Käse goldbraun ist. Heiß servieren.

~ **VARIATION** ~

Für ein gehaltvollere Version vor dem Käse Schinkenstreifen auf den Fenchel legen.

Gebratene Pilzhüte

Funghi arrosti

Das Pilze suchen ist eine Passion der Italiener. Die begehrtesten sind dabei die Steinpilze, welche in den Wäldern wachsen.

Zutaten
4 große Pilzhüte, wie Steinpilze, Waldchampignons oder andere wildwachsende Pilze
2 Zehen Knoblauch, fein gehackt
3 El friche Petersilie, fein gehackt
Salz, frisch gemahlenen schwarzen Pfeffer
extra-vergine Olivenöl zum Beträufeln
Für 4 Perosnen

1. Den Backofen auf E 190°, Gas Stufe 5 vorheizen. Die Pilze mit einem feuchten Tuch abreiben. Stiele entfernen. (Wenn sie nicht zu holzig sind, für eine Suppe oder Soße verwenden.) Eine feuerfeste Form mit Öl auspinseln und die Pilze hineinsetzen.

2. ▲ Petersilie mit Knoblauch mischen und gleichmäßig auf die Pilze verteilen.

3. ▲ Mit Salz und Pfeffer würzen und das Petersilien-Knoblauchgemisch mit dem Öl tränken. 20-25 min. backen. Heiß servieren.

Zucchini mit getrockneten Tomaten

Zucchini con pomodori

Eine der Möglichkeiten die Tomaten für den Winter zu konservieren, ist, sie in der Sonne trocknen zu lassen. Es wird in ganz Süditalien praktiziert.

Zutaten
10 getrockenete Tomaten, trocken oder in Öl und abgetropft
175 ml warmes Wasser
5 El Olivenöl
1 große Zwiebel, fein gehackt
2 Zehen Knoblauch, fein gehackt
1 kg Zucchini, in dünnen Streifen
Salz, frisch gemahlenen schwarzen Pfeffer
Für 6 Personen

1. ▲ Die Tomaten in dünne Streifen schneiden und in dem warmen Wasser 20 min. einweichen.

2. ▲ Das Öl in einer Pfanne erhitzen und die Zwiebel darin dünsten, bis sie zart, aber nicht braun ist.

3. ▲ Knoblauch und Zucchini zugeben und unter ständigem Rühren 5 min. dünsten.

4. ▲ Tomaten mitsamt dem Weichwasser zugeben. Mit Salz und Pfeffer würzen. Die Hitze ewas reduzieren und die Zucchini weichdünsten. Heiß servieren.

Gefüllte Zwiebeln

Cipolle ripiene

Dieses schmackhafte Gericht ist als Hauptspeise genauso beliebt, wie als Beilage zu Fleisch.

Zutaten
6 große Zwiebeln
75 g Schinken (roh oder gekocht) in kleinen Würfeln
1 Ei
50 g Semmelbrösel
3 El frische Petersilie, fein gehackt
1 Zehe Knoblauch, fein gehackt
Prise Muskat
75 g frisch geriebenen Parmesan
6 El Olivenöl
Salz und frisch gemahlenen schwarzen Pfeffer
Für 6 Personen

1. Die Zwiebeln schälen, dabei aufpassen, daß der „Boden" der Zwiebel dran bleibt. In kochendes, leicht gesalzenes Wasser geben und 20 min. kochen. Abtropfen lassen und zum Kühlen kurz in reichlich kalt Wasser tauchen.

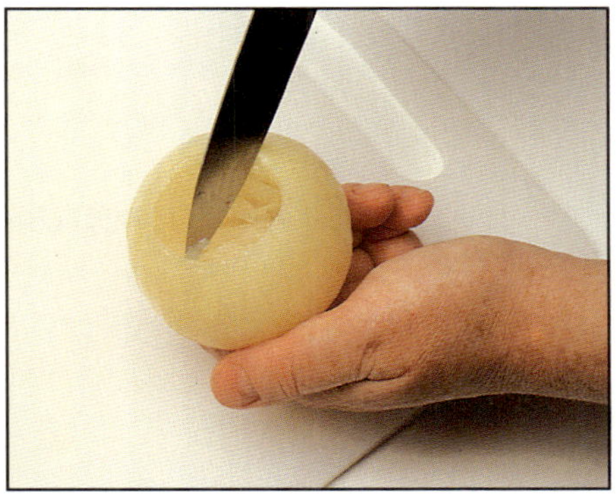

2. ▲ Mit einem kleinen, scharfen Messer den „Deckel" abschneiden und die Zwiebeln innen aushöhlen. (Für eine Suppe aufbewahren.) Nicht zu viel herausnehmen; die Hülle sollte noch stabil sein. Diese nun innen und außen leicht mit Salz bestreuen und beiseite stellen zum Abtropfen.

~ **VARIATION** ~

Für eine vegetarische Version den Schinken durch gehackte Oliven ersetzen.

3. ▲ Den Backofen auf E 200°, Gas Stufe 6 vorheizen. In einer kleinen Schüssel den Schinken mit dem Ei vermischen. Semmelbrösel, Petersilie, Knoblauch, Muskat untermischen. Die Hälfte des Parmesans und 3 El Öl einrühren und mit Salz und Pfeffer würzen.

4. Die Zwiebeln innen und außen trocken tupfen und mit dem Schinken-Eigemisch füllen. Eine feuerfeste Form mit Öl ausstreichen und die Zwiebeln hineinsetzen.

5. ▲ Mit dem restlichen Parmesan bestreuen und dem übrigen Öl beträufeln. Die Zwiebeln ca. 45 min. backen, bis sie weich sind und der Käse goldbraun ist.

Gebratene Mischpilze

Funghi trifolati

Zu diesem Gericht können alle Pilzarten, wild oder gezüchtet, verwendet werden.

Zutaten
750 g frische Pilze (gemischt)
6 El Olivenöl
2 Zehen Knbonlauch, fein gehackt
Salz und frisch gemahlenen schwarzen Pfeffer
Für 6 Personen

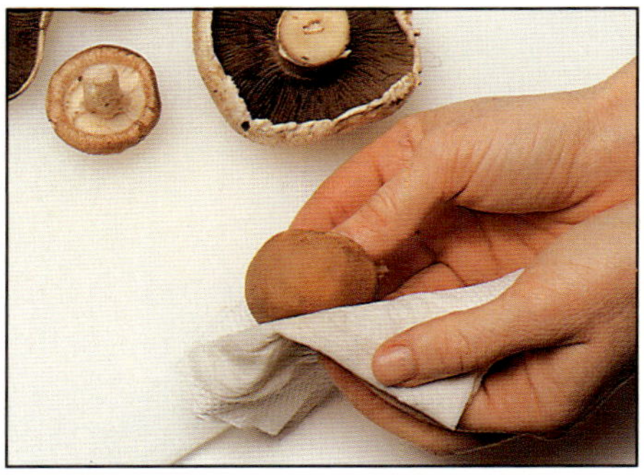

1. ▲ Die Pilze vorsichtig mit einem feuchten Tuch abreiben. Erde und Schmutzpartikel entfernen.

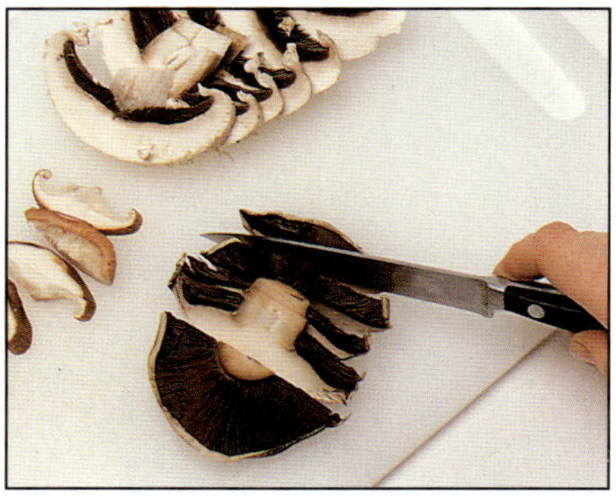

2. ▲ Die holzigen Teile des Stiels abschneiden, den Rest in Streifen schneiden.

3. ▲ Das Öl in einer Pfanne erhitzen und den Knoblauch leicht anbraten. Nach 1 min. die Pilze unterrühren. 8-10 min. braten, dabei von Zeit zu Zeit umrühren. Mit Salz und Pfeffer würzen und die Petersilie dazugeben. Weiter 5 min. schmoren, dann heiß servieren.

Erbsen mit Schinken

Piselli alla fiorentina

Frische Erbsen mit Schinken und Zwiebeln sind eine leckere und nahrhafte Beilage zu Fleischgerichten.

Zutaten
4 El Olivenöl
115 g rohen Schinken oder Pancetta, in kleinen Würfeln
1 kleine Zwiebel, fein gehackt
1 kg Erbsen in den Schoten oder 300 g geschälte
3 El Wassser
Salz und frisch gemahlenen schwarzen Pfeffer
Für 4 Peronen

1. Das Öl in einer Pfanne erhitzen, den Schinken und die Zwiebel darin anlaufen lassen.

2. ▲ Nach 2-3 min. die Erbsen dazugeben und mit dem Öl vermischen. Wassser zufügen, würzen und alles gut durcheinander rühren.

3. ▲ Die Kräuter ebenfalls untermischen, die Pfanne zudecken und alles schmoren, bis die Erbsen zart sind. Heiß servieren.

Gefüllte Paprika

Peperoni ripieni

Die reifen, süßen Paprikaschoten können mit allen möglichen Zutaten gefüllt werden. Von übrig gebliebenem, kalten Gemüse über Reis, bis Pasta, sind der Phantasie keine Grenzen gesetzt.

Zutaten
6 große Paprika, rot, gelb oder grün
200 g Reis
5 El Olivenöl
1 große Zwiebel, fein gehackt
3 Sardellenfilets, gehackt
2 Zehen Knoblauch, fein gehackt
3 mittelgroße Tomaten, geschält und in schmale Streifen geschnitten
6 El Weißwein
3 El frische Petersilie, gehackt
100 g Mozzarella, in Würfeln
6 El frisch geriebenen Parmesan
Salz, frisch gemahlenen schwarzen Pfeffer
Tomatensoße, falls gewünscht
Für 6 Personen

1. ▲ Das untere Drittel der Paprika abschneiden. Kerne und weiße Rippen herausnehmen, auch aus den „Deckeln". 3-4 min. in kochendem Wasser blanchieren, herausnehmen und abtropfen lassen.

2. ▲ Den Reis nach Angabe auf der Packung zubereiten, aber 3 min. vor Ende der Garzeit vom Feuer nehmen, kalt abspülen und abtropfen lassen.

3. ▲ Öl in einer großen Pfanne erhitzen, Zwiebel darin weichschmoren. Sardellenstücke, Knoblauch, Tomaten, gehackte Paprikahüte und Wein beigeben und alles gut durchrühren. 5 min. köcheln lassen.

4. ▲ Backofen auf E 190°, Gas Stufe 5 vorheizen. Die Pfanne vom Feuer nehmen, Petersilie, Reis, Mozzarella und 4 El des Parmesans unterrühren und würzen.

5. ▲ Die Innenseiten der Paprika trockentupfen und leicht mit Salz und Pfeffer bestreuen. Die Füllung hineingeben, mit dem restlichen Parmesan bestreuen und etwas Öl darüberträufeln.

6. ▲ Paprika in eine flache Auflaufform setzen. Soviel Wasser zugeben, daß der Boden der Form ca. 1cm hoch davon bedeckt ist. 25 min. backen und umgehend servieren. Falls gewünscht, mit Tomatensoße . Diese Paprika schmecken auch, wenn sie Raumtemperatur haben.

~ KOCH-TIP ~

Wählen Sie Paprika mit einer kräftigen ebenen Spitze, weil diese besser stehen bleiben.

Paprikagemüse

Peperonata

Dieses ursprünglich aus Süditalien stammende Gericht, kann als Vorspeise genauso wie als Beilage serviert werden. Es schmeckt auch als Füllung für Pfannkuchen.

Zutaten
4-5 sehr reife rote oder gelbe Paprika
4 El Öl
2 mittelgroße Zwiebeln, fein geschnitten
2 Zehen Knoblauch, fein gehackt
Salz, frisch gemahlenen schwarzen Pfeffer
einige frische Basilikumblätter
Für 6 Personen

1. Paprika waschen und vierteln. Stielansatz und Kerne herausschneiden, vom Rest feine Streifen machen.

2. ▲ In einem Topf das Öl erhitzen und die Zwiebeln darin dünsten. Den Topf dabei zudecken; die Zwiebeln sollten nicht braun werden. Paprikastreifen dazugeben und 5-8 min. bei mäßiger Hitze schmoren, von Zeit zu Zeit umrühren.

3. ▲ Knoblauch und Tomaten zugeben. Topf bedecken und 25 min. alles dünsten. Ab und zu umrühren. Die Paprika sollten weich sein, aber nicht zerfallen. Würzen, Basilikumblätter in Stücke reißen und einrühren. Heiß oder kalt servieren.

Radicchio und Zucchini vom Grill

Verduri ai ferri

In Italien wird sehr viel gegrilltes Gemüse gegessen. Es schmeckt delikat und ist schnell und einfach zubereitet.

Zutaten
4 Köpfchen Radicchio
4 mittelgroße Zucchini
6 El Olivenöl
Salz und frisch gemahlenen schwarzen Pfeffer
Für 4 Personen

1. ▲ Den Grill anheizen, heißen Rost mit einer angeschnittenen Zwiebel abreiben. Radicchio in Hälften teilen.

2. ▲ Zucchini diagonal in 1 cm dicke Scheiben schneiden.

3. ▲ Das Gemüse mit Öl bepinseln und mit Salz und Pfeffer würzen. Sofort auf den heißen Rost legen. 4-5 min. von jeder Seite grillen. Es kann als Imbiß oder Beilage zu gegrilltem Fleisch oder Fisch gegessen werden.

Kartoffeln mit Tomaten, überbacken

Patate e pomodori al forno

Dieses herzhafte Gericht aus Süditalien schmeckt am besten, wenn die Tomaten reif sind, kann aber auch mit Dosentomaten bereitet werden.

Zutaten
2 große rote Zwiebeln, fein geschnitten
1 kg Kartoffeln, geschält, in Scheiben
450 g Tomaten, frisch oder aus der Dose mitsamt Saft
6 El Olivenöl
115 g frisch geriebenenen Parmesan
Salz, frisch gemahlenen schwarzen Pfeffer
einige Blätter frisches Basilikum
50 ml Wasser
Für 6 Personen

1. Den Backofen auf E 180° , Gas Stufe 5 vorheizen. Eine große, flache Auflaufform mit Öl auspinseln.

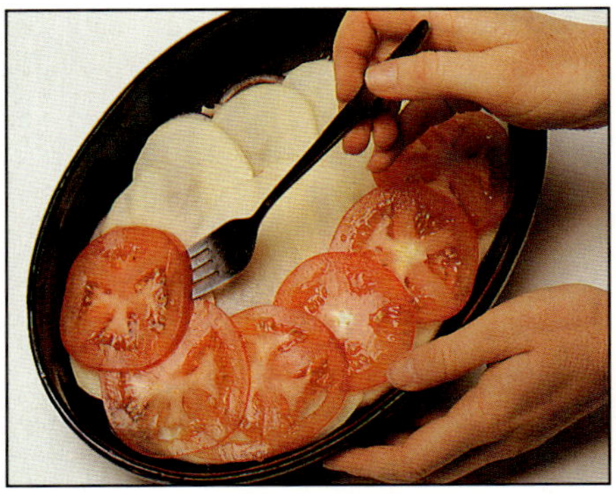

2. ▲ Eine Lage Zwiebeln hineingeben. Kartoffeln und Tomaten jeweils in einer Lage darüberschichten. Etwas Öl darübergießen, etwas Parmesan daraufstreuen und mit Salz und Pfeffer würzen.

3. ▲ So lange wiederholen, bis das Gemüse aufgebraucht ist. Mit einer Lage Tomaten und Kartoffeln im Wechsel enden. Basilikumblätter auseinanderreißen und darüber verteilen. Mit Parmesan bestreuen, mit Öl beträufeln.

4. ▲ Das Wasser darüber gießen und ca. 1 Stunde backen, bis es weich ist.

5. ▲ Wenn die Oberfläche zu dunkel wird bevor die Kartoffeln durch sind, ein Stück Alufolie darauflegen. Heiß servieren.

Tomaten mit Pastafüllung

Pomodori ripieni di pasta

Tomaten erscheinen in irgendeiner Form in nahezu jedem italienischen Gericht. Diese Art der Zubereitung kommt aus Süditalien.

Zutaten
8 große Tomaten, fest und reif
115 g kleine Suppenpasta
8 schwarze Oliven, entsteint und gehackt
3 El gemischte Kräuter, fein gehackt (Petersilie, Schnittlauch, Basilikum, Thymian)
4 El geriebenen Parmesan
4 El Olivenöl
Salz, frisch gemahlenen schwarzen Pfeffer
Für 4 Personen

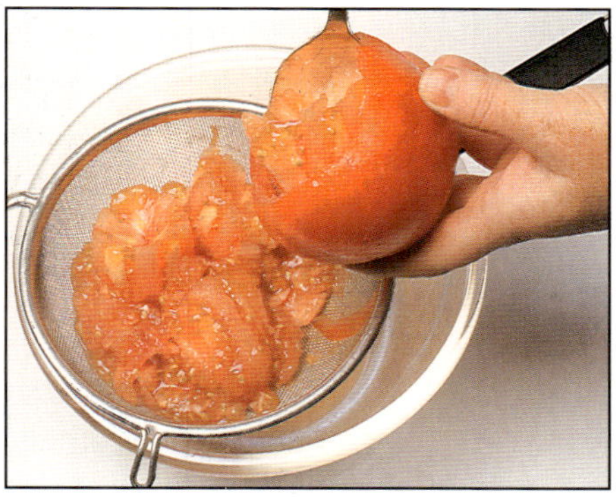

1. ▲ Die Tomaten waschen. Das obere Ende abschneiden und die Tomaten aushöhlen. Das Innere hacken und die hohlen Tomaten umgedreht abtropfen lassen.

2. ▲ Das gehackte Innere der Tomaten in ein Sieb geben und abtropfen lassen. Währenddessen die Pasta in Salzwasser kochen. 2 min. bevor die Kochzeit um ist, herausnehmen und ebenfalls abtropfen lassen.

3. ▲ Den Backofen auf E 190°, Gas Stufe 5 vorheizen. Pasta mit den restlichen Zutaten vermischen, gehackte Tomaten dazugeben und mit Salz und Pfeffer würzen.

4. ▲ Tomaten füllen und die Hüte wieder daraufsetzen. In eine mit Öl ausgepinselte Form geben und 15-20 min. backen. Falls gewünscht, die Haut der Tomaten abziehen. Heiß oder bei Raumtemperatur servieren.

Tomatensalat mit Brot

Panzanella

Der Salat kommt aus der Toscana und wurde erfunden um altes Brot aufzubrauchen. Er schmeckt am besten mit sonnengereiften Tomaten.

Zutaten
400 g altes weißes oder braunes Brot
4 große Tomaten
1 große rote Zwiebel oder 6 Frühlingszwiebeln
einige Blätter frisches Basilikum zum Garnieren
Für's Dressing
6 El extra-vergine Olivenöl
3 El Weißweinessig
Salz, frisch gemahlenen schwarzen Pfeffer
Für 4 Personen

1. Das Brot in dicke Scheiben schneiden und in kaltem Wasser 30 min. weichen lassen.

2. ▲ Tomaten in Stücke schneiden und in eine Salatschüssel geben. Zwiebeln in feine Streifen schneiden und zu den Tomaten geben. Aus dem Brot so viel Wasser als möglich drücken, und dem Gemüse beimengen.

3. ▲ Öl, Essig, Salz und Pfeffer miteinander verrühren. Über den Salat gießen und gut vermischen. Mit Basilikumblättern garnieren und 2 Stunden durchziehen lassen.

Salat aus gegrilltem Paprika

Insalata di peperoni

Dieses farbenfrohe Gericht stammt aus Süditalien. Alle Zutaten in diesem Salat lieben die Sonne des Südens.

Zutaten
4 große rote und gelbe Paprika
2 El Kapern, abgetropft
18-20 schwarze oder grüne Oliven
Für's Dressing
6 El extra-vergine Olivenöl
2 Zehen Knoblauch, fein gehackt
2 El Balsam- oder Weinessig
Salz, frisch gemahlenen schwarzenPfeffer
Für 6 Personen

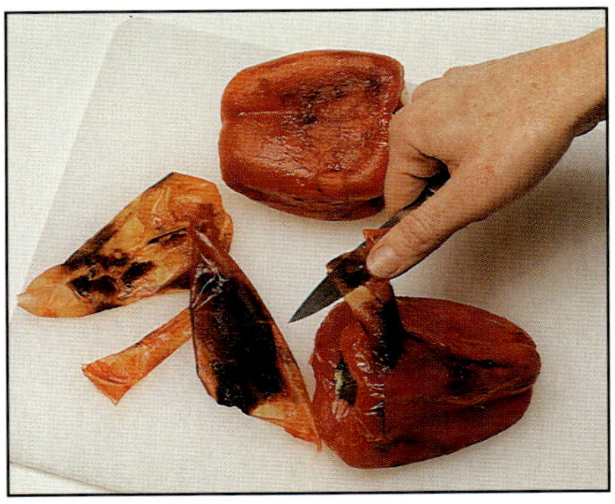

1. Paprika unter den Grill (Backofen) legen oder auf den Rost überm Feuer. Gelegentlich drehen und von allen Seiten schwarz werden lassen. Wenn die Haut Blasen wirft, sind sie fertig. Paprika in eine Papiertüte legen und 5 min. darin lassen.

2. ▲ Paprika schälen, vierteln, entkernen und vom Stengelansatz befreien.

3. Paprika in Streifen schneiden und in eine Schüssel geben. Kapern und Oliven darüber verteilen.

4. ▲ Für das Dressing die Zutaten desselben gut miteinander verrühren. Über die Paprika gießen und alles vermischen. 30 min. ziehen lassen und dann servieren.

Artischockensalat mit Eiern

Insalata di carciofi con uova

Artischockenböden sind am besten von frischen Artischocken. Dieser Salat eignet sich vorzüglich als ein leichtes Sommergericht.

Zutaten
4 große Artischocken
1/2 Zitrone
4 hartgekochte Eier, geschält
Für die Mayonnaise
1 Eigelb
2 Tl scharfer Senf
2 El Weinessig
Salz, frisch gemahlenen schwarzen Pfeffer
250 ml Oliven- oder Sonnenblumenöl
einige Zweige frische Petersilie
Für 4 Personen

1. ▲ Zitrone ausdrücken. Den Saft und die ausgedrückte Schale in eine Schüssel mit kaltem Wasser legen. Die Spitze des Stengels der Artischocke abschneiden und diesen mit einem scharfen Messser von der faserigen Außenhaut befreien. Die kleinen Blätter rund um den Stengel abschneiden, ebenso die dunklen, äußeren Blätter. Die Spitzen der restlichen kappen und die Artischocke umgehend ins gesäuerte Wasser legen.

2. Die Artischocke so lange kochen oder dünsten, bis sich die Blätter leicht herausziehen lassen. Abtropfen und auskühlen lassen.

3. ▲ Für die Mayonnaise sollten die Zu-taten alle Raumtemperatur haben. Eigelb, Senf, Essig, Salz und Pfeffer miteinander verrühren. Unter ständigem Rühren mit einem Schneebesen oder Mixer das Öl tropfenweise einlaufen lassen. Sowie eine cremige Masse entstanden ist, die Petersilie einrühren. Zudecken und bis zum Gebrauch kühl stellen.

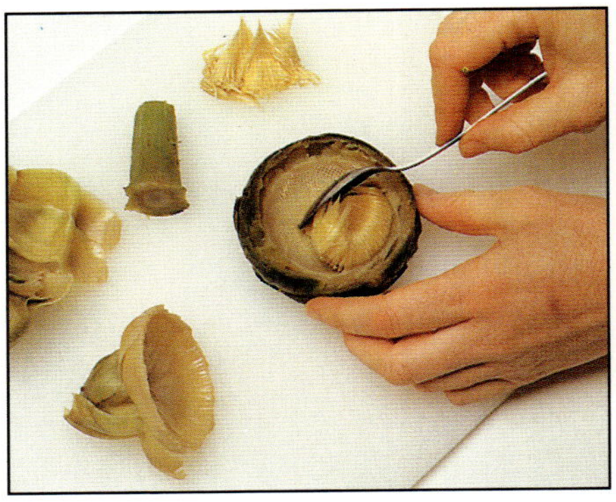

4. ▲ Die Blätter aus der Artischocke ziehen und den Stengel abschneiden. Das „Heu" mit einem kleinen Löffel herauskratzen.

5. Eier und Artischockenböden vierteln, auf einem Teller anordnen und mit der Mayonnaise anrichten.

Fenchel-Orangensalat

Insalata di finoccio con avancio

Dieser ursprünglich aus Sizilien stammende Salat ist sehr vitaminreich und erfrischend. Schmeckt leicht gekühlt am besten.

Zutaten
2 große Fenchelknollen (ca.700 g)
2 süße Orangen
2 Frühlingszwiebeln zum Garnieren
Für`s Dressing
5 El extra-vergine Olivenöl
2 El frisch gepreßten Zitronensaft
Salz, frisch gemahlenen schwarzen Pfeffer
Für 4 Personen

1. ▲ Fenchelknollen waschen und alle braunen Streifen der äußeren Haut entfernen. Die Knollen und Stengel in sehr feine Streifen schneiden.

2. ▲ Orangen mit einem scharfen Messer schälen, dabei die innere weiße Haut abschneiden. In dünne Scheiben schneiden und jede Scheibe vierteln. Mit dem Fenchel vermischen, allen Saft dazugeben.

3. ▲ Für´s Dressing Öl und Zitronensaft mit Salz und Pfeffer mischen. Über den Salat gießen und untereinander rühren.

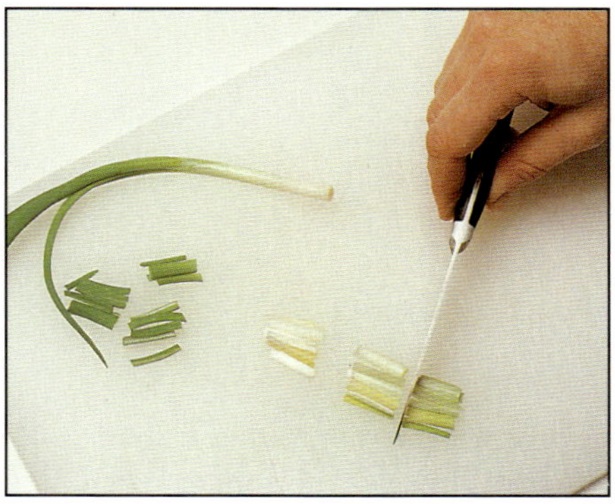

4. ▲ Die weißen und grünen Stengelteile der Zwiebeln schneiden und über den Salat streuen. Leicht gekühlt servieren.

Kartoffelsalat

Insalata di patate

Der Salat wird angemacht, solange die Kartoffeln noch warm sind. So zieht das Dressing gut ein. Nehmen Sie bestes Olivenöl.

Zutaten
1 kg festkochende Kartoffeln
Für's Dressing
8 El extra-vergine Olivenöl
Saft einer Zitrone
1 Zehe Knoblauch, fein gehackt
2 El frisch gehackte Kräuter (Petersilie, Basilikum, Thymian)
Salz, frisch gemahlenen schwarzen Pfeffer
Für 6 Personen

1. Kartoffeln waschen und ungeschält kochen. Kurz unter kaltem Wasser abschrecken, so heiß als möglich schälen und in Würfel schneiden.

2. ▲ Solange die Kartoffeln kochen, alle Zutaten für das Dresssing miteinander verrühren.

3. ▲ Das Dresssing über die Kartoffeln gießen, solange diese noch warm sind. Gut vermischen, leicht warm oder kalt servieren.

Kichererbsensalat

Ceci in insalata

Dieser Salat, mit Weißbrot serviert, ist ein komplettes, leichtes Essen.

Zutaten
800 g gekochte Kichererbsen
6 Frühlingszwiebeln, gehackt
2 mitttelgroße Tomaten, gewürfelt
1 kleine rote Zwiebel, fein gehackt
12 schwarze Oliven, entsteint und halbiert
1 El Kapern, abgetropft
2 El frisch gehackte Petersilie
4 hartgekochte Eier, geviertelt zum Garnieren
Für das Dressing
8 El Olivenöl
4 El Weißweinessig
Salz und frisch gemahlenen schwarzen Pfeffer
Für 4-6 Personen

1. Die Kichererbsen unter kaltem Wassser abspülen, abtropfen lassen, in eine Schüssel geben.

2. ▲ Das andere Gemüse samt Kapern und Oliven untermischen.

3. ▲ Die Zutaten für das Dressing in einer kleinen Schüssel miteinander verrühren.

4. ▲ Petersilie untermischen und das Dressing über den Salat gießen. Eventuell nachsalzen. Der Salat sollte eine Stunde durchziehen. Vor dem Servieren mit den Eiern garnieren.

~ VARIATION ~

sollten keine Kichererbsen zur Hand sein, den Salat aus roten oder weißen Bohnen bereiten.

Gebackene toscanische Bohnen

Fagioli al forno alla toscana

Frische oder getrocknete Bohnen sind sehr beliebt in der Toscana, wo sie auf alle möglichen Arten zubereitet werden.

Zutaten
600 g getrocknete weiße Bohnen
4 El Olivenöl
2 Zehen Knoblauch, zerdrückt
3 frische Salbeiblätter (falls nicht vorhanden 4 El gehackte Petersilie)
1 Stange Lauch, fein geschnittten
400 g Tomaten aus der Dose mit Saft, gehackt
Salz, frisch gemahlenen schwarzen Pfeffer
Für 6-8 Personen

1. ▲ Die Bohnen verlesen. In eine Schüssel geben und mit kaltem Wasser bedecken. Über Nacht einweichen. Abtropfen lassen.

2. ▲ Den Backofen auf E 180°, Gas Stufe 5 vorheizen. In einer kleinen Pfanne das Öl erhitzen. Knoblauch und Salbeiblätter 3-4 min. darin anbraten. Von der Hitze nehmen.

3. ▲ Bohnen in einen großen, feuerfesten Topf geben. Lauch, Tomaten, Knoblauch, Öl und Salbeiblätter zugeben. So viel Wasser darübergießen, daß die Bohnen fingerbreit davon bedeckt sind. Alles gut untereinander rühren. In den heißen Backofen stellen und 1 3/4 Stunden backen. Dabei den Topf zudecken.

4. ▲ Aus dem Ofen nehmen, umrühren und mit Salz und Pfeffer würzen. Unbedeckt noch einmal 15 min., oder bis die Bohnen weich sind, backen. Aus dem Ofen nehmen und vor dem Servieren 10 min. ruhen lassen. Heiß oder bei Raumtemperatur servieren.

Linsentopf

Lenticchie in umido

In Italien werden Linsen gern als Beilage zu Ente oder Paprikawürsten gegessen, aber sie schmecken auch als Hauptgericht.

Zutaten
450 g grüne oder braune Linsen
3 El frisch gehackte Petersilie
50 g durchwachsenen Speck oder Pancetta
1 mittelgroße Zwiebel, fein gehackt
1 Stange Staudensellerie, fein geschnitten
1 Karotte, fein gehackt
1 Zehe Knoblauch
1 Lorbeerblatt
3 El frisch gehackte Petersilie
Salz, gemahlenen schwarzen Pfeffer
Für 6 Personen

1. ▲ Linsen sorgfältig verlesen. In eine Schüssel geben, mit kaltem Wasser bedecken und einige Stunden einweichen lassen. Abtropfen lassen.

2. ▲ Das Öl in einem Topf erhitzen und den Speck darin 3-4 min. anbraten. Zwiebel dazugeben und bei mittlerer Hitze weich schmoren.

3. ▲ Sellerie und Karotten beigeben und weitere 3-4 min. schmoren.

4. ▲ Linsen dazugeben und gut mit den anderen Zutaten vermischen. So viel kochendes Wasser darübergießen, daß die Linsen davon gerade bedeckt sind. Petersilie, Lorbeerblatt und die Knoblauchzehe einrühren. Mit Salz und Pfeffer würzen. Bei mittlerer Hitze die Linsen ca. 1 Stunde weichkochen. Knoblauchzehe und Lorbeerblatt herausnehmen und heiß oder bei Raumtemperatur servieren.

PASTA

Getrocknete und hausgemachte Eierpasta ist einfach zuzubereiten und eröffnet tausend Möglichkeiten für Vor- oder Hauptspeisen. Sind schon die Formen der Pasta sehr vielfältig so sind auch bei den Soßen der Kochkunst keine Grenzen gesetzt. Von Gemüse- über Fisch-, hin zu den Fleischsoßen paßt zu Pasta einfach alles.

Eierpasta von Hand gemacht

Dieses klassische Rezept für Eiernudeln besteht aus nur drei Zutaten. Mehl, Eier und ein wenig Salz. In einigen Regionen Italiens wird Wasser, Milch oder Öl hinzugefügt. Verwenden Sie weißes Mehl und große Eier. Man rechnet pro Ei 70 g Mehl. Die Menge der Pasta ist abhängig von der Größe der Eier.

Für 3-4 Personen
2 Eier, Salz
140 g Mehl

Für 4-6 Personen
3 Eier, Salz
210 g Mehl

Für 6-8 Personen
4 Eier, Salz
280 g Mehl

1. ▲ Das Mehl in die Mitte eines sauberen Arbeitsplatzes mit einer glatten Oberfläche geben. Eine Mulde machen und die Eier in diese Vertiefung schlagen. Eine Prise Salz zufügen.

2. Mit einer Gabel die Eier verrühren, dabei soviel Mehl als möglich einarbeiten. Wenn die Masse dicker wird, mit den Händen das restliche Mehl einkneten. Wenn die Masse dabei noch an den Händen kleben bleibt, etwas Mehl zufügen. Sowie der Teig zusammen hält, diesen zur Seite legen. Die Teigreste von der Arbeitsplatte entfernen, und diese putzen, bis die Oberfläche wieder glatt und sauber ist. Hände waschen und abtrocknen.

Über die Pasta

Der größte Teil der Pasta wird aus Weizenmehl und Wasser hergestellt. Das Mehl ist von einer speziellen, sehr proteinreichen Weizensorte. Eierpasta - „pasta all' uova" - enthält Mehl und Eier, und wird für flache Nudeln wie Tagliatelle oder für Lasagne verwendet. Kleine Vollkornpasta wird in Italien sehr viel gegessen, ist aber auch in anderen Ländern populär.
Alle diese Pastasorten sind getrocknet erhältlich und gut zu lagern. Frische Pasta gibt es mittlerweile in den meisten Supermärkten zu kaufen, aber auch wenn sie noch so gut ist, kann sie nicht mit hausgemachten Pasta konkurrieren. Pasta gibts in zahlreichen Formen und Größen. Eine genaue Bezeichnung dafür ist schwierig, da die Namen der jeweiligen Pasta von Land zu Land verschieden sind. Selbst in Italien variiert die Bezeichnung von einer Region zur anderen. Die gebräuchlichsten Pastasorten sind in diesem Buch abgebildet und benannt.
Die meisten Rezepte sind mit einer speziellen Pastasorte angegeben aber können natürlich zu jeder anderen Pasta auch verwendet werden. Die Faustregel besagt, daß dicke Soßen zu kurzen und dünne Soßen zu langer Pasta gegessen werden.

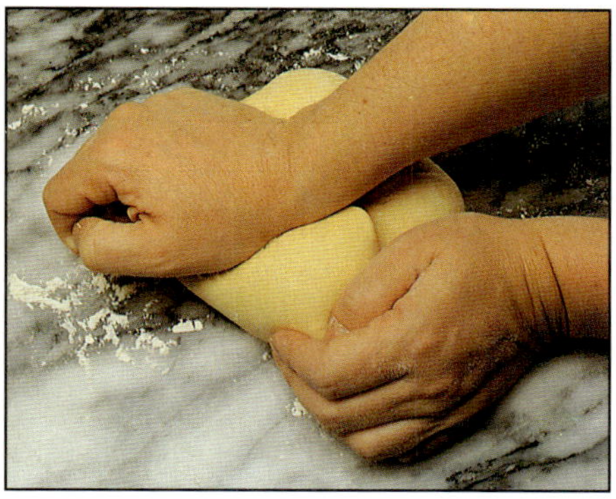

3. ▲ Das Arbeitsbrett leicht mit Mehl bestreuen. Den Teig kneten, indem er mit dem Handballen vom Körper weg gedrückt wird und dann zum Körper her zusammenklappen. In der Weise verfahren, bis der Teig glatt und elastisch ist. Es dauert ca. 10 min.

4. ▲ Wenn mehr als zwei Eier verwendet wurden, den Teig teilen. Wellholz und Arbeitsbrett mit Mehl bestreuen. Teig zu einer Scheibe formen und mit dem Ausrollen beginnen. Dabei den Teig immer um eine Viertelumdrehung weiterbewegen, so daß er seine Kreisform behält. Auswellen, bis er ca. 3 mm dick ist.

5. ▲ Um den Teig richtig papierdünn zu rollen, ihn vom Rand her immer wieder auf das Wellholz aufrollen, dabei mit dem Handflächen von der Mitte her nach außen hin streichen. Den Teig dabei immer wieder eine Viertelumdrehung weiterdrehen, so daß alle Ränder gleichmäßig dünn werden.

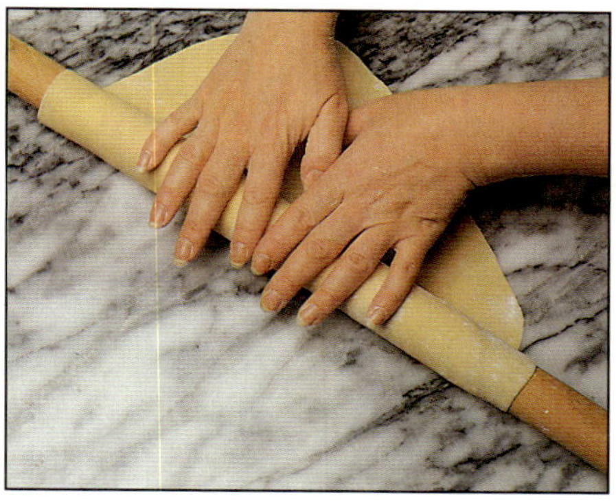

6. ▲ Immer wieder von jedem Rand her zwei Drittel des Teiges auf das Wellholz rollen und gleichmäßig mit den Handflächen nach außen hin streichen. Dabei schnell arbeiten, der ganze Vorgang sollte nicht länger als 8 bis 10 min. dauern, da sonst Gefahr besteht, daß der Teig seine Elastizität verliert. Wenn der Teig dazwischen wieder kleben sollte, das Nudelholz, die Hände und die Arbeitsfläche mit Mehl bestreuen. Der Teig sollte zuletzt fast durchsichtig, dabei elastisch sein.

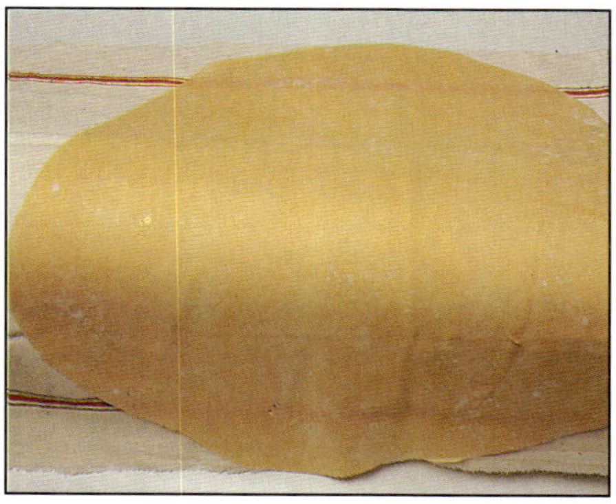

7. ▲ Wenn Nudeln gemacht werden (Tagliatelle, Fettuccine, etc.) ein sauberes Tuch auf einen Tisch legen und den Pastateig darauf so auslegen, daß ein Drittel der Pasta über den Rand hängt. Die Pasta alle 10 min. weiterdrehen, daß sie von jeder Seite trocknen kann. Wenn mehr als 2 Eier verwendet wurden, die nächste Teigportion verarbeiten. Nach 25-30 min. ist die Pasta trocken genug. Nicht länger trocknen, da sie sonst beim Schneiden bricht.

8. ▲ Um Tagliatelle oder Fettuccine zu schneiden, wird die Pasta zu einer flachen Rolle von 10 cm Breite zusammen gefaltet. Nun quer die Nudeln in der gewünschten Breite abschneiden. Für Fettuccine 4 mm, für Tagliatelle 6 mm. Nach dem Schneiden die Nudeln auseinanderfalten und vor dem Kochen 5 min. trocknen lassen. Sollten die Nudeln länger aufbewahrt werden, so werden sie ganz getrocknet, sie halten sich dann ohne einfrieren, für einige Wochen. Sie sollten so aufbewahrt werden, daß Luft dazukommt.

9. ▲ Für Lasagne oder Pappardelle den Teig nicht falten, sondern flach auslegen. Für die Lasagne den Teig in ca. 13 x 9 cm große Rechtecke schneiden. Pappardelle sind große Nudeln von ca. 2 cm Breite.

Eierpasta aus der Nudelmaschine

Pasta mit der Nudelmaschine geht schnell und einfach zu machen. Sie ist nicht ganz so gut, wie die handgemachte, aber trotzdem besser als gekaufte. Sie brauchen dazu eine Nudelmaschine die entweder von Hand oder mit Strom betrieben wird. Die Zutaten bleiben dieselben, wie bei der handgemachten Pasta.

1. ▲ Das Mehl in die Mitte einer sauberen Arbeitsfläche mit glatter Oberfläche geben. In die Mitte eine Vertiefung schlagen. Die Eier in diese Vertiefung geben. Eien Prise Salz darübersteuen. Mit einer Gabel von der Mitte her die Eier mit dem Mehl verrühren. Wenn der Teig dick wird, mit den Händen weiterarbeiten. Solange kneten, bis der Teig zusammmnhält. Wenn er noch klebt, etwas Mehl einarbeiten. Teig beiseite stellen und die Arbeitsfläche säubern.

2. ▲ Die Nudelmaschine auf die größte Breite stellen. Ein Teigstück, das etwas die Größe einer Orange hat, vom Rest abreißen und diesen zwischen zwei Suppentellern aufbewahren. Das kleine Teigstück nun durch die Rollen drehen. Dann zur Hälfte falten und wieder durch die Nudelmaschine laufen lassen. Diesen Vorgang sieben bis acht Mal wiederholen. Der Teig sollte nun rechteckig und geschmeidig sein. Wenn er zwischendurch irgendwo kleben bleibt, etwas Mehl auf den Teig und über die Rollen streuen. Die Teigplatte nun auf die Arbeitsplatte legen und den restlichten Teig in derselben Weise bearbeiten.

3. ▲ Jede der Teigplatten nun einmal, in der Reihenfolge, in der sie abgelegt wurde, durch die nächst engere Rollenweite drehen. Wieder in derselben Reihenfolge ablegen.

4. ▲ Rollen wieder enger stellen. Dieses Verfahren nun solange wiederholen, wobei nach jedem Arbeitsgang die Rollenweite verändert wird, bis die Pasta die gewünschte Stärke hat. Sollte die Pasta dabei zu lang werden, in der Mitte abschneiden.

5. ▲ Wenn alle Pastastreifen die richtige Stärke haben, die Nudelmaschine zum Schneiden einstellen und die gewünschte Breite der Nudeln wählen. Die Pasta sollte dafür ganz leicht angetrocknet, aber nicht brüchig sein. Die Pastaplatten zu Nudeln schneiden. Von Hand Rechtecke für Lasagne oder Pappardelle schneiden, falls solche gewünscht sind.

6. Diese Nudeln nun ablegen und 15 min. trocknen lassen, bevor sie gekocht werden. Wenn sie gelagert werden sollen, komplett austrocknen lassen. Dann an einem trockenen Platz, an den Luft hinkommt, aufbewahren. (Schublade, Stoffsack, Papiertüte, etc.) Die Nudeln können aber auch eingefroren werden.

7. Wenn sie gefüllte Pasta machen (Ravioli, Cannelloni, etc,) die Pastastreifen vor dem Füllen nicht austrocknen lassen, da sonst der Teig nicht zusammenklebt.

~ PASTA VERDE ~

Das selbe Rezept verwenden, jedoch dazu noch 50 g Spinat - gekocht, ausgedrückt und fein gehackt - zu dem Mehl-Eigemisch geben. Dabei braucht man möglicherweise etwas mehr Mehl, um die Flüssigkeit die der Spinat enthält, auszugleichen.

Wie getrocknete Pasta gekocht wird

Getrocknete und frische Pasta werden in derselben Weise gekocht, aber die Zeit dafür ist sehr unterschiedlich. Die frische Pasta ist in der Zeit fertig, die das Wasser braucht um wieder zu kochen, nach dem die Nudeln zugegeben wurden.

1. Die Pasta wird immer in einem großen Topf voll sprudelnd kochendem Wasser gegart. Pro 115 g Pasta wird 1 l Wasser gerechnet.

2. ▲ Das Wasser sollte spätestens 2 min. bevor die Pasta zugegeben wird gesalzen werden, um dem Salz die Zeit zu geben sich aufzulösen. Für 450 g Pasta werden 20 g Salz gerechnet.

3. ▲ Die Pasta unter einmal ins kochende Wasser geben. Wenn es lange Pasta ist, nachschieben, so wie die unteren Enden weich werden, damit sie nicht bricht. Mit einem Holzlöffel öfter umrühren um die Passta vom zusammenklebenoder ansitzen zu bewahren. Das Wasser sollte dabei schnell kochen aber nicht übergehen.

4. Die Zeit ist immer ein kritischer Faktor beim Pasta kochen. Gekaufte Pasta nach Anweisung auf der Packung kochen. Aber beser ist es einige Male zu probieren, ob sie schon gar ist. In Italien wird Pasta immer „al dente" gekocht, das heißt bißfest. Das bedeutet, daß die Pasta zart ist, aber der Kern der Pasta noch etwas Festigkeit bestitzt. Zu lange gekochte Pasta wird breiig.

5. ▲ Bevor die Pasta fertig ist, ein Nudelsieb in die Spüle stellen. Sobald die Pasta fertig ist auf einmal in das Sieb schütten. (Wenn für die Pastasoße etwas von dem Kochwasser gebraucht wird, vorher wegnehmen). Das Nudelsieb leicht schütteln, sodaß das meiste Waser abtropft.

6. ▲ Die Pasta in eine vorgewärmte Schüsssel geben und umgehend mit etwas Butter oder Öl beträufeln oder die Soße zufügen. Die Pasta kann auch umgekehrt zur Soße in den Topf gegeben werden, wo sie noch 1-2 min. mit der Soße verrührt wird. Fertige Pasta sollte niemals trocken stehen bleiben, da sie sonst zusammenklebt.

Wie Eierpasta gekocht wird

Frische, hausgemachte Eierpasta kocht sehr viel schneller als getrocknete Pasta. Bevor die Pasta gekocht wird, sollte alles fertig und parat sein (Soße, Schüssel, Sieb, Geschirr, etc.) Während die Pasta kocht bleibt keine Zeit etwas herzurichten. Wenn sie zu lange kocht, wird sie sehr schnell breiig.

1. Pasta immer in schnell kochendes Wasser geben, und der Topf sollte groß genug sein. 1l Wasser für 115 g Pasta rechnen. Das Wasser salzen wie für getrocknete Pasta.

2. ▲ Pasta auf einmal ins kochende Wasser geben. Vorsichtig umrühren, um sie am Ankleben zu hindern. Wasser sollte schnell kochen.

3. ▲ Frisch gemachte Pasta braucht kaum länger als 15 sek. nach dem das Wassser wieder kocht. Gefüllte Pasta braucht einige Minuten länger. Wenn sie fertig ist, ins Nudelsieb geben und wie getrocknete Pasta behandeln.

Grundrezept für Tomatensoße

Sugo di pomodoro alla napolitana

Tomatensoße ist zweifellos die gebräuchlichste Pastasoße in Italien. Sie schmeckt am besten mit frischen Tomaten, kann aber auch mit Dosentomaten zubereitet werden.

Zutaten
6 El extra-vergine Olivenöl
1 mittelgroße Zwiebel, fein gehackt
1 Zehe Knoblauch, fein gehackt
450 g Tomaten, frisch oder aus der Dose, mit Saft, gehackt
Salz, frisch gemahlenen schwarzen Pfeffer
einige Basilikumblätter oder Petersilienzweige
Für 4 Portionen Pasta

1. Das Öl in einem Topf erhitzen. Zwiebeln darin 5-8 min. bei mittlerer Hitze glasig braten.

2. ▲ Knoblauch und Tomaten mitsamt dem Saft (bei frischen Tomaten 4 El Wasser) dazugeben. Mit Salz und Pfeffer würzen, Kräuter einrühren. 20-30 min. köcheln lassen.

3. ▲ Soße durchpassieren oder in einem Mixer pürieren. Zum Servieren noch einmal wärmen, eventuell nachwürzen und über die Pasta gießen.

Tomatensoße Spezial

Sugo di pomodoro

Die Tomaten werden zusätzlich noch mit Gemüse angereichert. Diese Soße paßt zu jeder Pasta und schmeckt auch zu gefüllten Gemüse.

Zutaten
700 g Tomaten, frisch oder aus der Dose, gehackt
1 Karotte, gehackt
1 Stengel Staudensellerie, gehackt
1 mittelgroße Zwiebel, gehackt
1 Zehe Knoblauch, zerdrückt
7 El Olivenöl
Salz, frisch gemahlenen schwarzen Pfeffer
einige frische Basilikumblätter oder etwas getrocknetes Oregano
Für 6 Portionen Pasta

1. ▲ Alle Zutaten in einen Topf geben und miteinander 30 min. schmoren lassen.

2. ▲ In einem Mixer pürieren oder durchpassieren.

3. ▲ Soße zurück in den Topf geben, bei Bedarf nachwürzen und 15 min. etwas einkochen lassen.

~ KOCH-TIP ~
Diese Soße kann auch eingefroren werden. Vor dem Erwärmen, sollte sie bei Raumtemperatur auftauen.

Linguine mit Pesto

Linguine con pesto

Pesto kommt aus Ligurien, wo die sanften Meeresbrisen dem Basilikum das feine Aroma verleihen. Es wird nach alter Tradition im Mörser zubereitet; einfacher ist es allerdings es im Mixer zu verarbeiten. Pesto kann auch eingefroren werden.

Zutaten
65 g frische Basilikumblätter
3-4 Zehen Knoblauch, geschält
3 El Pinienkerne
1 halber Tl Salz
6 El extra-vergine Olivenöl
50 g frisch geriebenen Parmesan
4 El frisch geriebenen Pecorinokäse
frisch gestoßenen schwarzen Pfeffer
500 g Linguine
Für 5-6 Personen

1. ▲ Basilikum, Knoblauch, Pinienkerne, Salz und Olivenöl in einem Mixer (oder Mörser) pürieren. In eine Schüssel geben. (Wenn Pesto eingefroren werden soll, ist es an dem Punkt am günstigsten).

2. ▲ Den Käse einrühren. (Wenn kein Pecorinokäse erhältlich ist, diesen durch Parmesan ersetzen).

3. ▲ Salzwasser in einem großen Topf zum Kochen bringen und die Nudeln darin „al dente" kochen. 4 El des Nudelwassers ins Pesto rühren.

4. ▲ Pasta kurz abtropfen lassen und mit dem Pesto vermischen. Umgehend servieren.

Fleischsoße alla Bolognese

Ragù alla bolognese

Diese wohlbekannte Fleischsoße stammt - wie der Name sagt - aus Bologna. Sie paßt genau so gut zu kurzer Pasta wie Penne als auch zu Spaghetti, und aus der Lasagne ist sie überhaupt nicht wegzudenken.

Zutaten
250g Butter
6 El Olivenöl
1 mittelgroße Zwiebel, fein gehackt
25 g Pancetta oder rohen Schinken, fein gehackt
1 Karotte, fein gehackt
1 Stange Staudensellerie, fein gehackt
1 Zehe Knoblauch, fein gehackt
350 g Hackfleisch
Salz, frisch gemahlenen schwarzen Pfeffer
150 ml Rotwein
125 ml Milch
400 g Tomaten aus der Dose, gehackt, mit Saft
1 Lorbeerblatt
1/4 Tl frische Thymianblätter
Für 6 Portionen Pasta

1. ▲ Butter und Öl erhitzen und die Zwiebel darin 3-4 min. anbraten. Den Speck dazugeben und solange bei mittlerer Hitze braten, bis die Zwiebelstücke glasig sind. Karotten, Sellerie und Knoblauch einrühren und weitere 3-4 min. schmoren lassen.

2. Hackfleisch dazugeben, mit einer Gabel auseinanderrupfen und mit dem Gemüse vermischen. Wenn das Fleisch nicht mehr roh aussieht, salzen und pfeffern.

3. ▲ Den Wein zugießen, die Hitze reduzieren und alles köcheln lassen, bis der Wein verdunstet ist. Milch zugießen und ebenfalls verdunsten lassen.

4. ▲ Tomaten, Saft und Kräuter einrühren. Soße kurz aufkochen lassen. Dann die Hitze reduzieren und die Soße 1,5-2 Stunden einkochen lassen, dabei hin und wieder umrühren. Nachwürzen.

Spaghetti mit Knoblauch und Öl

Spaghetti con aglio e olio

Dies ist wohl das einfachste aller Pastagerichte und in Italien sehr beliebt. Nehmen Sie dazu Öl von bester Qualität.

Zutaten
400 g Spaghetti
9 El extra-vergine Olivenöl
3 Zehen Knoblauch, gehackt
4 El frisch gehackte Petersilie
frisch geriebenen Parmesan zum Servieren
Für 4 Personen

1. Salzwasser in einem großen Topf zum Kochen bringen. Spaghetti einrühren.

2. ▲ Das Öl in einer Pfanne erhitzen undden Knoblauch darin goldgelb braten. Aufpassen, daß er nicht braun wird, da er sonst bitter schmeckt. Petersilie einrühren, mit Salz und Pfeffer würzen.

3. ▲ Wenn die Spaghetti beinahe „al dente" sind, herausnehmen und abtropfen lassen. In die Pfanne mit dem Öl geben und 2-3 min mitkochen lassen. Dabei gut umrühren, daß sich alles miteinander mischt. Mit Parmesan bestreut servieren.

Spaghetti mit Walnußsoße

Spaghetti con salsa di noci

Wie Pesto wird die Walnußsoße ursprünglich im Mörser gemacht. Sie schmeckt auch zu Tagliatelli oder anderen Nudeln

Zutaten
115 g Walnußstücke
3 El Semmelbrösel
3 El Oliven- oder Walnußöl
3 El frische Petersilie, gehackt
1-2 Zehen Knoblauch
50 g Butter, weich
3 El Sahne
Salz, frisch gemahlenen schwarzen Pfeffer
400 g Spaghetti
frisch geriebenen Parmesan zum Servieren
Für 4 Personen

1. ▲ Die Walnußkerne 1-2 min blanchieren. Abtropfen lassen und die braune Haut entfernen. Auf Küchenpapier trocknen und ein Viertel der Nüsse beiseite stellen.

2. ▲ Die restlichen Nüsse, die Semmelbrösel, Öl, Petersilie und Knoblauch zu einer Paste verarbeiten. Wieder in eine Schüssel geben, Butter und Sahne einrühren. Mit Salz und Pfeffer würzen.

3. ▲ Spaghetti in Salzwasse „al dente" kochen. Abtropfen lassen und mit der Soße vermischen. Die übrigen Nußkerne grob hacken und darüberstreuen. Parmesan extra servieren.

Fusilli mit Paprika und Zwiebeln

Fusilli con peperoni

Paprika sind typisch für Süditalien. Gegrillt und geschält schmecken sie leicht süßlich und rauchig und sind gut verdaulich.

Zutaten
450 g rote und gelbe Paprika
9 El Olivenöl
1 große rote Zwiebel, dünn geschnitten
2 Zehen Knoblauch, gepreßt
400 g Fusilli oder andere kurze Pasta
Salz, frisch gemahlenen schwarzen Pfeffer
3 El Petersilie, gehackt
frisch geriebenen Parmesan
Für 4 Personen

1. ▲ Paprika grillen, dabei gelegentlich drehen, bis die Haut schwarz ist und Blasen wirft. Vom Grill nehmen und 5 min. in einer Papiertüte lassen.

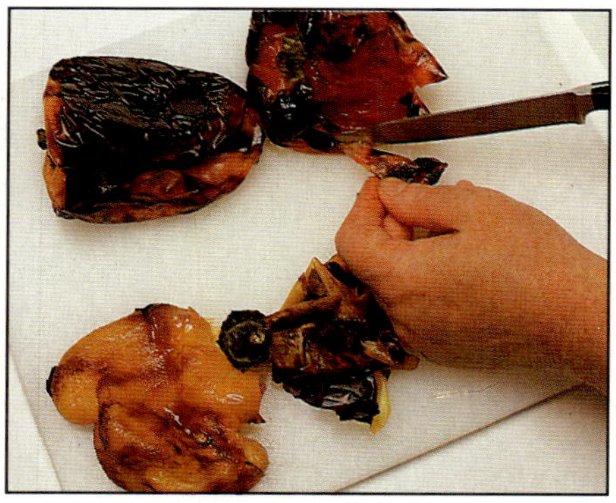

2. ▲ Paprika schälen und vierteln. Kerne, Stengel und weiße Rippen entfernen und in dünne Streifen schneiden. Einen großen Topf voll Wasser zum Kochen bringen.

3. ▲ Öl in einer großen Pfanne erhitzen, Zwiebel darin 5-8 min. schmoren. Knoblauch dazugeben und weitere 2 min. braten.

4. ▲ Salz und Pasta ins kochende Wasser geben und kochen lassen, bis die Pasta „al dente" ist.

~ KOCH-TIP ~

Kolumbus entdeckte die Paprika auf Haiti und brachte sie nach Europa. Die großen roten, gelben und orangen Paprikas haben ein volleres, süßeres Aroma als die grünen.

5. ▲ Während dessen die Paprika zu den Zwiebeln geben und untermischen. 3 El des Pastawassers dazugeben. Mit Salz und Pfeffer würzen. Petersilie einrühren.

6. ▲ Pasta abtropfen lassen, dann in die Pfanne zum Gemüse geben, alles untereinander rühren und 3-4 min. bei mittlerer Hitze köcheln lassen. Den Parmesan extra servieren.

Orecchiette mit Broccoli

Pasta e broccoli

Aus Puglia in Süditalien kommen die meisten Gemüse-Pasta Rezepte. Um der Pasta mehr Geschmack zu verleihen, wird diese im Kochwassser des Broccoli gekocht.

Zutaten
800 g Broccoli in Röschen
450 g Orecchiette oder Penne
9 El Olivenöl
3 Zehen Knoblauch, fein gehackt
6 Sardellenfilets in Öl
Salz, frisch gemahlenen schwarzen Pfeffer
Für 6 Personen

1. Die holzigen Teile der Broccolistengel abschneiden, die Stengel mit einem scharfen Messer von unten zu den Röschen hin, schälen.

2. ▲ Einen großen Topf voll Wasser zum Kochen bringen. Broccoli hineingeben und 5-8 min. weich kochen. Herausnehmen und abtropfen lassen.

3. ▲ Das Broccoliwasser salzen und wieder zum Kochen bringen. Pasta einrühren und „al dente“ kochen. Abtropfen lassen.

4. ▲ Während dessen das Öl in einer kleinen Pfanne erhitzen. Knoblauch darin goldgelb braten und nach 2-3 min. die Sardellenfilets zugeben. Mit einer Gabel zerdrücken und mit dem Öl und dem Knoblauch zu einer Paste mischen.

5. ▲ 1 Tasse des Kochwassers in eine vorgewärmte Schüssel geben und die Sardellenpaste einrühren. Broccoli und Pasta dazugeben und alles gut mischen. Wenn nötig, nachwürzen. Heiß servieren.

Spaghetti alla Carbonara

Spaghetti alla carbonara

Eine der klassischen Pastasoßen, die immer wieder die Frage aufwirft: mit oder ohne Sahne? Das beste ist, es einfach auszuprobieren.

Zutaten
3 El Olivenöl
150 g Speck in Streifen
1 Zehe Knoblauch, zerdrückt
400 g Spaghetti
3 Eier bei Raumtemperatur
75 g frisch geriebenen Parmesan
Salz und frisch gemahlenen schwarzen Pfeffer
Für 4 Personen

1. ▲ In einer Pfanne das Öl erhitzen. Speck und Knoblauch darin goldgelb braten. Knoblauchzehe herausnehmen. Öl mit dem Speck warm halten, bis es gebraucht wird.

2. ▲ Einen Topf voll Wasser zum Kochen bringen. Salzen und Spaghetti darin „al dente“ kochen.

3. ▲ Während dessen eine Servierschüssel anwärmen und die Eier hineinschlagen. Parmesan unterrühren und mit Salz und Pfeffer würzen.

4. ▲ Sobald die Spaghetti gar sind, abtropfen lassen und zu dem Eigemisch geben. Heißes Fett und Speck zufügen und alles gut mischen. Die Eier werden durch das heiße Fett und die Spaghetti stocken. Umgehend servieren.

Pennoni rigati mit Blumenkohl

Pennoni rigati con cavolfiore

Eine weitere vegetarische Pastasoße

Zutaten
1 mittelgroßer Blumenkohl
500 ml Milch
1 Lorbeerblatt
50 g Butter
50 g Mehl
Salz und frisch gemahlenen schwarzen Pfeffer
75 g frisch geriebenen Parmesan
500 g Pennoni rigati oder andere kurze Pasta
Für 6 Personen

1. Wasser in einem großen Topf zum Kochen bringen. Den Blumenkohl waschen, in Röschen teilen und 8-10 min. kochen, bis er weich ist. Mit einem Sieblöffel aus dem Wasser nehmen und in mundgerechte Stücke schneiden. Beiseite stellen. Das Kochwasser aufbewahren.

2. ▲ In einem kleinenTopf die Milch mit dem Lorbeerblatt heiß werden, aber nicht kochen lassen. In einem anderen Topf die Butter schmelzen lassen und mit einem Schneebesen das Mehl einrühren. 2-3 min. auf dem Feuer lassen. Es sollte aber nicht braun werden.

3. Ebenfalls mit dem Schneebesen die heiße Milch in die Mehlschwitze rühren.

4. Die Soße unter ständigem Rühren 4-5 min. kochen lassen. Mit Salz und Pfeffer würzen. Käse dazugeben und schmelzen lassen. Blumenkohl untermengen. Warm halten.

5. ▲ Das Kochwasser vom Blumenkohl wieder aufkochen, salzen und die Pasta einrühren. „Al dente" kochen. Dann kurz abtropfen lassen und in eine vorgewärmte Schüssel geben. Die Soße darübergießen. Gut verrühren.

Spaghetti mit Schinken und Zwiebeln

Spagehetti all'amatriciana

Die Zutaten zu dieser Soße sind meistens ohne vorherigen Einkauf im Haus.

Zutaten
3 El Olivenöl oder Schmalz
115 g rohen Schinken, in Würfeln
1 kleine Zwiebel, fein gehackt
100 ml trockenen Weißwein
450 g Tomaten, frisch oder aus der Dose, gehackt
1/4 Tl Thymianblätter
Salz und frisch gemahlenen schwarzen Pfeffer
600 g Spaghetti
frisch geriebenen Parmesan
Für 6 Personen

1. In einer Pfanne das Öl oder Schmalz erhitzen, Zwiebel und Schinken darin goldbraun braten. Einen Topf voll Wasser aufsetzen und zum Kochen bringen.

2. ▲ DenWein zu dem Schinken und der Zwiebel gießen und kochen lassen, bis die Flüssigkeit verdunstet ist. Tomaten, Thymian, Salz und Pfeffer zugeben. Topf zudecken und bei mäßiger Hitze 10-15 min. köcheln lassen.

3. ▲ Während dessen das Wasser salzen und die Spaghetti darin „al dente" kochen. Abtropfen lassen, mit der Soße vermischen und mit Parmaesan bestreut servieren.

Spaghetti mit Oliven und Kapern

Spaghetti alla puttanesca

Diese würzige Soße ist schnell gemacht und die wichtigsten Zutaten finden sich meist im Vorratsschrank.

Zutaten
6 El Olivenöl
2 Zehen Knoblauch, fein gehackt
1 kleines Stück Chilie, zerkrümmelt
50 g Sardellenfilets, gehackt
350 g Tomaten, frisch oder aus der Dose
115 g schwarze Oliven, entsteint
30 g Kapern, abgetropft
1 El Tomatenmark
400 g Spaghetti
2 El frische Petersilie, gehackt
Für 4 Personen

1. ▲ Einen großen Topf voll Wasser zum Kochen bringen, Das Öl in einer großen Pfanne erhitzen. Knoblauch und Chilipulver zugeben und 2-3 min. braten.

2. ▲ Sardellen zugeben und mit einer Gabel zerdrücken. Mit dem Knoblauch und dem Öl mischen.

3. ▲ Tomaten, Oliven, Kapern und Tomatenmark einrühren und auf kleiner Flamme schmoren lassen.

4. Salz und Spaghetti ins kochende Wasser geben, umrühren und „al dente" kochen. Abtropfen lassen.

5. ▲ Spaghetti in die Soße geben. Hitze reduzieren und 3-4 min. unter ständigem Rühren auf dem Feuer lassen. Mit Petersilie bestreuen und umgehend servieren.

Linguine mit Muscheln und Tomatensoße *Linguine con vongole*

Die zwei klassischen, italienischen Muschelsoßen sind einmal mit, und einmal ohne Tomatensoße. Für diese Version können Muscheln aus der Dose verwendet werden.

Zutaten
1 kg frische Venusmuscheln in der Schale oder 350 g aus der Dose mit ihrem Saft
9 El Olivenöl
1 Zehe Knoblauch, zerdrückt
400 g Tomaten, frisch oder aus der Dose, fein gehackt
350 g Linguine
4 El frische Petersilie, gehackt
Salz, frisch gemahlenen schwarzen Pfeffer
Für 4 Personen

1. ▲ Muscheln unter fließendem kalten Wasser abbürsten und waschen. Mit einer Tasse voll Wasser in einen Topf geben und kochen, bis sich die Muschelschalen öffnen. Jede Muschel herausnehmen, sowie sie sich öffnet und mit einem kleinen Löffel aus der Schale heben. In eine Schüssel geben.

2. Große Muscheln in 2 oder 3 Stücke schneiden. Die Flüssigkeit, die in den Schalen sitzt seperat aufbewahren. Wenn alle Muscheln offen sind (geschlossene entfernen) die Kochflüssigkeit zum Muschelwasser gießen und durch einen Filter gießen. Bei Dosenmuscheln den Saft in dem sie lagen, verwenden.

3. Einen großen Topf voll Wasser zum Kochen bringen für die Pasta. Während dessen das Olivenöl erhitzen und den Knoblauch darin goldgelb braten.

4. ▲ Knoblauch herausnehmen. Gehackte Tomaten zum Öl geben und die Flüssigkeit von den Muscheln zugießen. Gut verrühren und die Soße bei mittlerer Hitze köcheln lassen, bis sie eindickt. Das Pastawasser salzen. Pasta einrühren.

5. ▲ Kurz bevor die Pasta „al dente" ist, die Petersilie und die Muscheln in die Tomatensoße rühren und Pfeffer hinzufügen. Eventuell nachwürzen. Pasta abtropfen lassen und in eine vorgewärmte Servierschüssel geben. Heiße Soße darübergießen und gut vermischen. Umgehend servieren.

Spaghetti mit Miesmuscheln

Spaghetti con cozze

Miesmuscheln gibt es überall an Italiens Küste. Sie schmecken mit Pasta ganz hervorragend, und sollten möglichst frisch sein.

Zutaten
1 kg frische Miesmuscheln in der Schale
7 El Olivenöl
3 Zehen Knoblauch, gehackt
6 El frische Petersilie, gehackt
6 El Weißwein
400 g Spaghetti
Salz, frisch gemahlenen schwarzen Pfeffer
Für 4 Personen

1. ▲ Den „Bart" der Miesmuscheln abschneiden. Muscheln unter kaltem Wasser abbürsten und waschen.

2. ▲ Einen großen Topf voll Wasser zum Kochen bringen für die Pasta. Die Muscheln mit einer Tasse voll Wasser in einen anderen Topf geben und bei mittleren Hitze kochen, bis sich die Schale öffnen. Jede gleich heraus nehmen, sowie sie aufgeht.

3. ▲ Wenn alle Muscheln offen sind (geschlossene entfernen) das Wasser durchfiltern und aufbewahren.

4. ▲ In einer großen Pfanne das Öl erhitzen. Knoblauch und Petersilie 2-3 min. darin anbraten. Muscheln, ihr Kochwasser und den Wein zugeben und bei mäßiger Hitze köcheln lassen. Pastawasser salzen und die Pasta einrühren.

5. ▲ Pfeffer über die Muscheln streuen und salzen.

6. ▲ Wenn die Pasta „al dente" ist, abtropfen lassen. Zu den Muscheln und der Soße in die Pfanne geben und 3-4 min. auf dem Feuer lassen. Dabei alles gut vermischen. Sofort servieren.

~ KOCH-TIP ~

Miesmuscheln sollten im frischen Zustand fest geschlossen sein. Wenn eine leicht offen ist, die Schalen mit Daumen und Zeigefinger schließen. Bleibt sie geschlossen - lebt sie. Wenn sie sich wieder öffnet, die Muschel aussortieren. Frische Muscheln sollten so schnell als möglich verwendet werden. Eine kurze Zeit können sie in kaltem Wasser im Kühlschrank aufbewahrt werden.

Pasta mit frischer Sardinensoße

Pasta con sarde

In diesem sizilianischen Gericht werden frische Sardinen mit Rosinen und Pinienkernen kombiniert.

Zutaten
30 g Sultaninen
450 g frische Sardinen
6 El Semmelbrösel
1 kleine Fenchelknolle
9 El Olivenöl
1 mittel große Zwiebel, fein geschnitten
30 g Pinienkerne
1/2 Tl Fenchelkörner
Salz, frisch gemahlenen schwarzen Pfeffer
400 g Percatelli oder Bucatini
Für 4 Personen

1. Die Sultaninen 15 min. in warmen Wasser einweichen. Trocken tupfen.

2. ▲ Sardinen ausnehmen. Kopf und Rückengräte entfernen. Waschen und überflüssiges Wasser abschütteln. Mit den Semmelbröseln bestreuen.

3. ▲ Fenchelgrün grob hacken und beiseite stellen. Fenchelknolle in Blätter teilen. Einen großen Topf mit Wasser füllen, Fenchelblätter zugeben und zum Kochen bringen. Platz für die Pasta lassen, die im selben Wasser gekocht wird.

4. ▲ Das Öl in einer großen Pfanne erhitzen und die Zwiebel darin weichschmoren. Heraus nehmen und beiseite stellen. Sardinen ins Öl geben und von beiden Seiten goldbraun braten. Sodann geschmorte Zwiebel, Sultaninen, Pinienkerne und Fenchelkörner zugeben. Mit Salz und Pfeffer würzen.

5. ▲ 6 El des kochenden Pastawassers zu den Sardinen in die Pfanne geben. Pastawasser salzen und Nudeln einrühren. „Al dente“ kochen. Abtropfen lassen und die Fenchelblätter entfernen. Soße über die Pasta gießen und auf Portionstellern anrichten jeweils mit einigen Sardinen belegen und mit dem Fenchelgrün bestreut, servieren.

Makkaroni mit Käse überbacken

Maccheroni gratinati al forno

Dieses delikate Pastagericht wird vielleicht in der restlichen Welt öfter gekocht als in Italien.

Zutaten
500 ml Milch
1 Lorbeerblatt
1 Prise Muskatnuß, frisch gemahlen
3 Blatt Muskatblüte
50 g Butter
35 g Mehl
Salz, frisch gemahlenen schwarzen Pfeffer
175 g geriebenen Parmesan oder
Appenzeller Käse oder beides
40 g Semmelbrösel
450 g Makkaroni
Für 6 Personen

1. Die Milch mit dem Lorbeerblatt und den Muskatblütenblättern in einem kleinen Topf heiß werden lassen, aber nicht kochen. In einem anderen Topf die Butter schmelzen lassen und das Mehl mit einem Schneebessen darin verrühren. 2-3 min. auf dem Feuer lassen, ohne, daß die Mehlschwitze braun wird. Unter ständigem Rühren die heiße Milch einlaufen lassen und die Soße 4-5 min. kochen.

2. ▲ Mit Salz, Pfeffer und Muskat würzen. Bis auf 2 El den Käse unterrühren und bei mäßiger Hitze schmelzen lassen. Klarsichtfolie auf die Oberfläche der Soße legen, um die Hautbildung zu vermeiden und beiseite stellen.

3. ▲ Einen großen Topf voll Wasser zum Kochen bringen. Den Backofen auf E 200°, Gas Stufe 6 vorheizen. Eine flache, feuerfeste Form mit Butter ausfetten und mit einigen Semmelbröseln bestreuen. Salz und Pasta ins kochende Wasser geben und kochen bis die Pasta beinahe „al dente“ ist.

4. ▲ Pasta abtropfen lassen undmit der Soße mischen. In die Form füllen und mit den restlichen Semmelbröseln und dem Käse bestreuen. In die Mitte des Backofens stellen und 20 min. überbacken

Penne mit Thunfisch und Mozzarella *Penne con tonno e mozzarella*

Diese schmackhafte Soße ist sehr schnell zubereitet. Wenn möglich Thunfisch in Olivenöl verwenden.

Zutaten
400 g Penne ode andere kurze Pasta
1 El Kapern in Salzwasser, abgetropft
2 Zehen Knoblauch
3 El frische Petersilie, gehackt
200 g Thunfisch, abgetropft
6 El Olivenöl
Salz, frisch gemahlenen schwarzen Pfeffer
115 g Mozzarella, in kleinen Würfeln
Für 4 Personen

1. Einen großen Topf voll Salzwasser zum Kochen bringen und die Pasta einrühren.

2. ▲ Kapern gut in Wasser spülen, abtropfen lassen und mit dem Knoblauch fein hacken. Petersilie und Thunfisch dazugeben, das Öl einrühren und mit Salz und Pfeffer würzen.

3. ▲ Wenn die Pasta „al dente" ist, abtropfen lassen und in eine große Pfanne geben. Soße darübergießen, Mozzarella unterrühren und bei mittlerer Hitze auf dem Feuer lassen bis der Käse schmilzt. Ständig rühren. Servieren.

Spaghettini mit Wodka und Kaviar *Spaghettini con vodka e caviale*

Diese elegante Pastavariante ist in Rom als Imbiß nach dem Theater sehr beliebt.

Zutaten
6 El Olivenöl
3 Frühlingszwiebeln, fein geschnitten
1 Zehe Knoblauch, fein gehackt
100 ml Wodka
150 ml Mascarpone
75 g schwarzen oder roten Kaviar
Salz, frisch gemahlenen schwarzen Pfeffer
400 g Spaghettini
Für 4 Personen

1. ▲ Das Öl in einem kleinen Topf erhitzen. Frühlingszwiebeln und Knoblauch darin 4-5 min. leicht anbraten.

2. ▲ Wodka und Mascarpone zugeben und bei mäßiger Hitze 5-8 min. köcheln lassen.

~ **KOCH-TIP** ~

Beim Kaviar gibt es große Qualitätsunterschiede. Der feinste ist wohl der Beluga Kaviar, mit einem Durchmesser pro Korn von 3,5 mm und schwarzer Farbe. Der billigste ist der Rogen vom Seehasen der rot eingefärbt wird.

3. ▲ Topf vom Feuer nehmen und den Kaviar einrühren. Mit Salz und Pfeffer würzen.

4. Während dessen die Spaghettini „al dente" kochen. Abtropfen lassen und mit der Soße mischen. Umgehend servieren.

Farfalle mit Garnelen und Erbsen

Farfalle con gamberetti e piselli

Eine kleine Prise Safran gibt dem Gericht eine appetitliche goldgelbe Farbe.

Zutaten
4 El Olivenöl
25 g Butter
2 Frühlingszwiebeln, gehackt
350 g frische oder tiefgefrorene, geschälte kleine Garnelen
225 g Erbsen, gefroren und aufgetaut
400 g Farfalle
250 ml trockenen Weißwein
1/8 Tl Safranpulver
Salz, frisch gemahlenen schwarzen Pfeffer
2 El gehacktes Fenchelgrün oder Dill
Für 4 Personen

1. Einen großen Topf voll Wasser zum Kochen bringen. Salz und Pasta ins kochende Wasser geben.

2. ▲ Öl und Butter in einer großen Pfanne erhitzen und die Frühlingszwiebeln darin anschmoren. Garnelen und Erbsen zugeben und 2-3 min. mitbraten.

3. ▲ Wein und Safran zum Garnelengemisch rühren. Bei größerer Flamme den Wein zur Hälfte einkochen lassen. Mit Salz und Pfeffer würzen, Hitze reduzieren und Farfalle-Nudeln zugeben.

4. Mit Fenchelgrün oder Dill garnieren und servieren.

Kurze Pasta mit Frühlingszwiebeln

Pasta primavera

Diese vegetarische Pastaversion ist nicht nur für den Gaumen ein Genuß, sie ist auch ein Augenschmaus.

Zutaten
1 oder 2 kleine junge Karotten
2 Frühlingszwiebeln
150 g Zucchini
2 Tomaten
75 g geschälte Erbsen, frisch oder aufgetaut
75 g grüne Bohnen
1 gelbe Paprika
6 El Olivenöl
25 g Butter
1 Zehe Knoblauch, fein gehackt
5-6 frische Basilikumblätter, in Stücken
Salz, frisch gemahlenen schwarzen Pfeffer
500 g kurze, farbige Paste wie Fusilli, Penne oder Farfalle
frisch geriebenen Parmesan
Für 6 Personen

1. Das ganze Gemüse in kleine, mundgerechte Stücke schneiden.

2. ▲ Öl und Butter in einer großen Pfanne erhitzen. Das Gemüse 5-6 min. darin leicht anbraten, dabei Knoblauch und Basilikum zugeben und mit Salz und Pfeffer würzen. Pfanne zudecken und 5-8 min. das Gemüse weichdünsten.

3. ▲ Während dessen die Pasta „al dente" kochen. Abtropfen lassen. Eine Tasse des Kochwassers aufbewahren.

4. Die Pasta in die Pfanne zum Gemüse geben und alles gut mischen. Sollte die Soße zu trocken sein ein paar Löffel des Pastawassers unterrühren. Parmesan separat servieren.

Spaghetti mit Meeresfrüchten, gebacken

Spaghetti al cartoccio

Hier wird jede Portion extra eingewickelt und gebacken und das Paket erst bei Tisch geöffnet. Backpapier oder Alufolie verwenden.

Zutaten
450 g frische Miesmuscheln
100 ml trockenen Weißwein
6 El Olivenöl
2 Zehen Knoblauch, fein gehackt
450 g Tomaten, geschält und gehackt
400 g Spaghetti oder andere lange Pasta
225 g Garnelen, geschält und entvent
2 El frisch gehackte Petersilie
Salz und frisch gemahlenen schwarzen Pfeffer
Für 4 Personen

1. ▲ Muscheln unter fließendem kalten Wasser abbürsten und waschen. Mit einem scharfen Messser den „Bart“ abschneiden. Mit dem Wein in einen Topf geben und kochen, bis sie sich öffnen.

2. ▲ Muscheln herausnehmen und beiseite stellen. (Geschlossene Muscheln entfernen.) Flüssigkeit durch einen Filter laufen lassen und aufbewahren. Den Backofen auf E 150°, Gas Stufe 2 vorheizen.

3. ▲ Wasser für die Spaghetti zum Kochen bringen. In einem anderen Topf das Öl mitsamt dem Knoblauch heiß werden lassen. Tomaten dazugeben und bei mittlerer Hitze weich kochen. 150 ml des Muschelweines einrühren. Salz und Pasta zum kochenden Wasser geben, die Pasta beinahe „al dente“ kochen, abtropfen lassen.

4. ▲ Petersilie und Garnelen zur Tomatensoße geben und diese 2 min. köcheln lassen. Würzen und vom Feuer nehmen.

~ **VARIATION** ~

Wenn keine frischen Muscheln zu haben sind, können auch Mies- oder Venusmuscheln aus der Dose verwendet werden. Die Garnelen hingegen sollten frisch sein.

5. ▲ 4 Stücke Pergament (ofenfest) oder Alufolie schneiden, ca. 30 x 45 cm. Jedes Papier in einen Suppenteller legen. In einer Schüssel die Pasta mit der Soße gut mischen und die Miesmuscheln dazugeben.

6. ▲ Die Pasta mit den Meeresfrüchten auf die vier vorgerichteten Folien verteilen. Die Enden des Papieres hochziehen, zusammendrehen und binden. (Der tiefe Teller hindert die Soße am auslaufen, während das Paket gebunden wird.) Auf ein großes Backblech legen und auf mittlerer Schiene 8-10 min. backen. Pakete geschlossen servieren und am Tisch öffnen.

Thunfisch-Pastasalat

Insalata di pasta con tonno

Für diesen leichten Salat braucht man Bohnen und Thunfisch aus der Dose.

Zutaten
450 g kurze Pasta (Ruote, Makkaroni, Farfalle)
6 El Olivenöl
400 g Thunfisch, abgetropft
800 g Bohnen, gespült und abgetropft
1 kleine rote Zwiebel
2 Stangen Staudensellerie
Saft einer Zitrone
2 El frische Petersilie, gehackt
Salz und frisch gemahlenen schwarzen Pfeffer
Für 6-8 Personen

1. Pasta „al dente" kochen. Abtropfen lassen und unter kaltem Wasser gut abspülen, daß sie nicht mehr weicher wird. Abtropfen und in eine große Schüssel geben. Mit dem Olivenöl beträufeln und beiseite stellen. Komplett auskühlen lassen, bevor die anderen Zutaten untergemischt werden.

2. ▲ Bohnen und in Stücke gerissenen Thunfisch untermengen. Zwiebel in feine Scheiben schneiden, Sellerie hacken und ebenfalls in die Schüssel geben.

3. ▲ Zitronensaft und Petersilie zusammenrühren und unter den Salat mischcen. Mit Salz und Pfeffer abschmecken. Eine Stunde ziehen lassen, bei Raumtemperatur servieren.

Hähnchen-Pastasalat

Insalata di pasta con pollo

Dazu braucht man ein Stück Hähnchen vom Grill oder eine gebratene Hähnchenbrust.

Zutaten
350 g kurze Pasta (Mezze, Rigatoni oder Fusilli)
4 El Olivenöl
225 g kaltes, gebratenes Hähnchenfleisch
2 kleine rote und gelbe Paprika
50 g grüne Oliven, entsteint
4 Frühlingszwiebeln, gehackt
3 El Mayonnaise
1 Tl Worcestershiresauce
2 El Weinessig
Salz, frisch gemahlenen schwarzen Pfeffer
einige Basilikumblätter
Für 4 Personen

1.Pasta „al dente" kochen. Abtropfen lassen und mit fließendem kalten Wasser den Kochvorgang stoppen. Abtropfen lassen. Pasta in eine große Schüssel geben, mit dem Olivenöl tränken und beiseite stellen. Ganz auskühlen lassen.

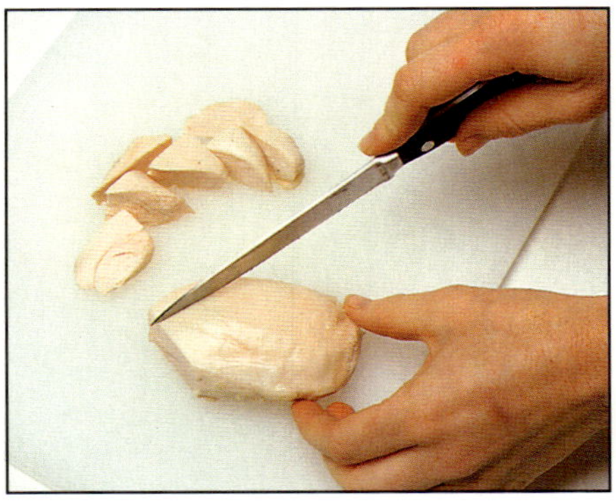

2. ▲ Hähnchen und Paprika in kleine Stücke schneiden.

3. ▲ Alle Zutaten außer der Pasta in einer Schüssel zusammen mischen. Nochmals abschmecken und unter die Pasta mengen. 1 Stunde im Kühlschrank ziehen lassen, mit Basilikumblättern garnieren und umgehend servieren.

Gemüse-Pastasalat

Insalata di pasta con integrale

Für diesen Salat kann jedes Gemüse der jeweiligen Saison roh oder blanchiert verwendet werden. Auch eine Kombination aus rohem und blanchierten Gemüse ist möglich.

Zutaten
450 g kurze Vollkornpasta
4 El Olivenöl
2 mittelgroße Karotten
ein kleiner Bund Broccoli
175 g geschälte Erbsen, frisch oder tiefgekühlt
1 roter oder gelber Paprika
2 Stangen Staudensellerie
4 Frühlingszwiebeln
1 große Tomate
75 g Oliven, entsteint
Für's Dressing
4 El Wein- oder Balsamessig
6 El Olivenöl
1 El scharfer Senf
1 El Sesamkörner
1 El gemischte, frische Kräuter, gehackt
Salz und frisch gemahlenen schwarzen Pfeffer
115 g Mozzarella, in Würfeln
Für 8 Personen

1. Pasta in Salzwasser „al dente" kochen. Abtropfen lassen, mit kaltem Wasser gut abspülen um den Kochprozeß zu stoppen, und noch einmal abtropfen lassen. Pasta in eine Schüssel geben mit 4 El Olivenöl tränken und beiseite stellen.

2. ▲ Karotten, Broccoli und Erbsen blanchieren. Mit kaltem Wasser abspülen und abtropfen lassen.

3. ▲ Karotten, in Würfelchen schneiden, Broccoli in kleine Stücke teilen und mit den Erbsen zu der Pasta geben. Paprika, Sellerie, Frühlingszwiebeln und Tomaten in dünne Streifen schneiden und mitsamt den Oliven ebenfalls unter die Pasta mischen.

4. ▲ In einer kleinen Schüssel alle Zutaten für`s Dressing mischen und gut mit der Pasta und dem Gemüse verrühren. Eventuell noch etwas nachwürzen. Vor dem Servieren, den Salat 1 Stunde durchziehen lassen.

Pasta Salat mit Oliven

Insalata di pasta con olive

Dieser delikate Salat enthält einige typische Zutaten des Mittelmeerraums. Speziell an heißen Sommertagen ist er eine erfrischender Genuß.

Zutaten
450 g kurze Pasta wie Farfalle oder Penne
6 El Olivenöl, extra-vergine
10 getrocknete Tomaten, fein geschnitten
2 El Kaperm, abgetropft
115 g schwarze Oliven, entsteint
2 Zehen Knoblauch, fein gehackt
4 El Balsamessig
Salz, frisch gemahlenen schwarzen Pfeffer
4 El frisch gehackte Petersilie
Für 6 Personen

1. ▲ Pasta in Salzwasser „al dente“ kochen. Abtropfen lassen, unter kaltem Wasser gut spülen, um den Kochprozeß zu stoppen, noch einmal abtropfen lassen. In eine Schüssel geben, mit dem Olivenöl tränken und beiseite stellen.

2. ▲ Tomaten 10 min. in heißem Wasser einweichen. Wasser aufbewahren. Kapern spülen und abtropfen lassen.

3. ▲ Oliven, Kapern, Knoblauch und Essig in einer kleinen Schüssel mischen. Mit Salz und Pfeffer würzen.

4. ▲ Die Mischung über die Pasta gießen und alles gut vermischen. 2-3 El des Tomatenwassers zugeben und eventuell nachwürzen. Petersilie untermengen und eine halbe Stunde durchziehen lassen.

Fettuccine mit Speck und Sahne

Fettuccine con prosciutto

Prosciutto ist genau das Richtige für dieses reichhaltige Gericht.

Zutaten
115 g Prosciutto crudo oder anderen ungerauchten Speck (roh oder gekocht)
50 g Butter
2 Schalotten, fein gehackt
Salz, frisch gemahlenen schwarzen Pfeffer
150 ml Sahne
350 g Fettuccine (mit 3 Eiern gemacht)
50 g geriebenen Parmesan
frische Petersilie zum Garnieren
Für 4 Personen

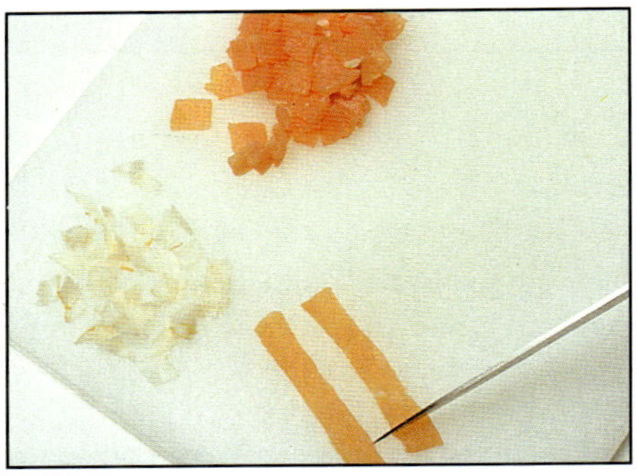

1. ▲ Das Fett vom Speck schneiden und beides, mageres und fettes Fleisch separat in Würfel schneiden.

2. ▲ Butter in einer Pfanne schmelzen lassen, Schalotten und das Fett vom Speck darin goldgelb braten. Den mageren Teil vom Speck zufügen und weitere 2 min. braten. Mit Salz und Pfeffer würzen. Sahne einrühren und die Soße warm halten.

3. ▲ Pasta in Salzwasser „al dente" kochen. Abtropfen lassen. In eine vorgewärmte Schüssel geben und die Soße darüber gießen. Käse einrühren und mit Petersilie garniert servieren.

~ VARIATION ~

170 g frische oder gefrorene Erbsen anstatt des Specks nehmen. In die Pfanne zu den Schalotten geben.

Tagliatelle mit Räucherlachs

Tagliatelle con salmone

Der geräuchte Lachs wird in Italien importiert und ist sehr teuer. Zu der Soße grüne und weiße Pasta mischen.

Zutaten
175 g Räucherlachs, frisch oder gefroren
300 ml Sahne
geriebene Muskatnuß
350 g grüne und weiße Tagliatelle (aus 3 Eiern)
Salz, frisch gemahlenen schwarzen Pfeffer
3 El frischen Schnittlauch, gehackt
Für 4-5 Personen

1. Den Lachs in schmale Streifen von 5 cm Länge schneiden. In eine Schüssel geben, mit Sahne begießen und mit Muskat würzen. Verrühren und 2 Std. im Kühlschrank ziehen lassen.

2. ▲ Für die Pasta einen großen Topf voll Salzwasser zum Kochen bringen. Während das Wasser heiß wird, die Sahnesoße in einem Topf erwärmen, aber nicht kochen.

3. ▲ Pasta ins kochendes Wasser geben und „al dente" kochen. Abtropfen lassen. In einer Schüssel Pasta mit der Soße verrühren. Nachwürzen und mit dem Schnittlauch garnieren.

Gebackene Lasagne mit Fleischsoße

Lasagne al forno

Diese Lasagne aus Eierpasta mit hausgemachter Fleisch- und Bechamelsoße schmeckt exquisit.

Zutaten
Fleischsoße (nach dem Rezept der Bolognesesoße)
Eierpastateig aus 3 Eiern oder 400g getrocknete Lasagne
115 g geriebenen Parmesan
40 g Butter
Für die Bechamelsoße
700 ml Milch
1 Lorbeerblatt
3 Blatt Muskatblüte
115 g Butter
75 g Mehl
Salz, frisch gemahlenen schwarzen Pfeffer
Für 8-10 Personen

1. Die Fleischsoße zubereiten und beiseite stellen. Eine große, flache Auflaufform ausbuttern.

2. Für die Bechamelsoße die Milch mit dem Lorbeerblatt und den Muskatblüten erhitzen. In einem größeren Topf die Butter schmelzen. Mehl einrühren und mit einem Schneebesen gut vermischen. 2-3 min. schwitzen lassen. Die heiße Milch (ohne Lorbeerblatt und Muskatblüten) unter ständigem Rühren einlaufen lassen. Die Soße 4-5 min. kochen, dabei ständig rühren. Mit Salz und Pfeffer würzen und beiseite stellen.

3. ▲ Den Pastateig machen. Nicht austrocknen lassen. Teig ausrollen und den Teig in breite Streifen schneiden, ca. 11 cm und gleich lang, wie die Auflaufform breit ist. Backofen auf E 200°, Gas Stufe 6 vorheizen.

4. ▲ Einen großen Topf voll Wasser zum Kochen bringen. Eine große Schüssel mit kaltem Wasser daneben stellen. Wasser salzen und 3 oder 4 der Pastarechtecke hineingeben. 30 sek. kochen, herausnehmen und für 30 sek. ins kalte Wasser legen. Aus dem Wasser nehmen, abschütteln und flach auf ein Geschirrtuch auslegen. Mit den restlichen Pastastücken ebenso verfahren.

5. ▲ Um die Lasagne zu machen sollten alle Zutaten bereit liegen: Die Backform, Bechamel- und Fleischsoße, Pastastreifen, geriebener Parmesan und Butter. Einen großen Löffel voll Fleischsoße auf den Boden der Auflaufform streichen. Eine Lage Pasta darauflegen, überstehende Teigecken mit einem scharfen Messer abschneiden.

6. ▲ Eine dünne Lage Fleischsoße daraufstreichen, darüber Bechamelsoße geben. Mit etwas Parmesan bestreuen. Lage für Lage in der Weise verfahren. Mit Pasta, die mit Bechamelsoße bestrichen ist, enden. Nicht mehr als 6 Lagen machen. Mit Parmesan bestreuen, Butterflocken daraufsetzen.

7. Im vorgeheizten Backofen 20 min. backen, bis sich die Oberfläche der Lasagne bräunt. Dann aus dem Ofen nehmen und 5 min. stehen lassen. In der Form servieren.

~ VARIATION ~

Wenn Sie getrocknete oder gekaufte Pasta verwenden, bereiten Sie sie zu wie in Punkt 4 beschrieben. Den Kochvorgang allerdings 4 min. vor der angegebenen Zeit (auf der Packung) stoppen. Kalt abspülen und so wie die Eierpasta behandeln.

Tagliolini mit Spargel

Tagliolini con asparagi

Taglioni sind sehr dünne hausgemacht Eiernudeln, die noch besser schmecken als Spaghetti. Mit Sahnesoße und Spargel sind sie besonders delikat.

Zutaten
450 g frischen Spargel
Eierpastateig aus 2 Eiern oder 350 g frische Tagliolini
50 g Butter
3 Frühlingszwiebeln, fein gehackt
3-4 Blätter Basilikum, fein gehackt
150 ml Mascarpone
Salz und frisch gemahlenen schwarzen Pfeffer
50 g frisch geriebenen Parmesan
Für 4 Personen

1. ▲ Den Spargel mit einem scharfen Messer vom Stengelansatz zur Spitze hin schälen. 4-6 min. in kochendem Wasser zart garen.

2. ▲ Aus demWasser nehmen und das Kochwasser aufbewahren. Die Spitzen abschneiden und den Rest in 4 cm lange Stücke schneiden, beiseite stellen.

3. Eierpastateig machen, falten und in dünne Streifen schneiden. Nudeln auseinanderfalten, flach auslegen und 5-10 min. trocknen lassen.

4. ▲ Die Butter schmelzen. Frühlingszwiebeln und Kräuter zugeben und 3-4 min. anbraten. Mascarpone einrühren, Spargel zufügen und alles heiß halten, aber nicht kochen. Würzen.

5. Das Spargelwasser wieder zum Kochen bringen und salzen. Die Nudeln zugeben und weich kochen. (Frisch gemachte Nudeln brauchen dazu 30-60 sek.) Abtropfen lassen.

6. ▲ Die Pasta zur Soße in die Pfanne geben. Den Parmesan einrühren und alles gut vermengen. Heiß servieren.

Tea times zur Feier von Papas
Fleischsalat und beim Bäcker Helm ein
e Buffets zu festlichen Gelegenheiten.
venderische Weihnachtsfeste arrangiert,
ıat. Ein Weihnachtsbaum, bald drei
ımwohnung – wer kann sich das heute

es Zeit ein wenig zu schlafen, die anderen
werden möchten.....

Teig:

3 Eier
Salz
210 g Mehl

400 g fr. Spinat / 175 g TK Spinat
175 g Ricotta
50 g ger. Parmesan
Muskat, Salz, Pfeffer

Pasta s.o.
Sauce: 75 g Butter
5-6 Zweige Salbei

Ravioli mit Ricotta und Spinat

Ravioli ripieni di magro

Hausgemachte Ravoli sind etwas sehr Feines. Sie können mit Fleisch, verschiedenem Gemüse oder Käse gefüllt werden.

Zutaten
400 g frischer Spinat oder 175 g gefrorenen
175 g Ricotta
1 Ei
50 g geriebenen Parmesan
etwas Muskat
Salz, frisch gemahlenen schwarzen Pfeffer
Eierpastateig aus 3 Eiern
Für die Soße
75 g Butter
5-6 Zweige frischer Salbei
Für 4 Personen

1. Frischen Spinat gut waschen. Nur mit dem Wasser, das an denBlättern hängt 5 min. zart dünsten. Abtropfen lassen. Gefrorenen Spinat nach Anweisung auf der Packung kochen. Wenn der Spinat ausgekühlt ist, so viel Flüssigkeit als möglich herausdrücken. Fein hacken.

2. Den Spinat mit dem Ricotta, Eiern und Parmesan mischen. Mit Salz und Pfeffer und Muskat würzen. Alles gut vermischen. Zudecken und beiseite stellen.

3. Eierpastateig zubereiten. Sehr dünn ausrollen und nicht austrocknen lassen.

4. ▲ Einen Löffel voll Füllung im Ab-stand von jeweils 5 cm auf den Teig setzen. Mit einer anderen Lage Pastateig bedecken, zwischen den Füllungen fest-drücken.

5. ▲ Mit einem Teigrad kleine Quadrate ausschneiden, dabei darauf achten, daß die Füllung jeweils in der Mitte sitzt. Wenn die Pastaplatten nicht gut zusammen kleben etwas Wasser oder Milch dazwischen geben und die Ränder mit einer Gabel festdrücken. Ravioli von beiden Seiten jeweils 15 min. trocknen lassen. Salzwasser zum Kochen bringen.

6. Butter schmelzen lassen, Salbeilätter in die Butter geben. Heiß lassen, aber die Butter nicht bräunen.

7. ▲ Die Ravioli in kochendes Wasser geben und 4-5 min. kochen. Dabei leicht umrühren, so daß sie nicht ansit-zen. Abtropfen lassen und auf Tellern anrichten. Mit Butter gegießen, Salbeiblätter darauflegen und servieren.

Gebackene Gemüse Lasagne

Lasagne al forno con funghi e pomodori

Vom Prinzip wie die klassische Lasagne mit Fleisch, aber mit einer vegetarischen Füllung. Für diese Version braucht man frisches Gemüse.

Zutaten
Eierpastateig aus 3 Eiern
3 El Olivenöl
1 mittelgroße Zwiebel, fein gehackt
500 g Tomaten, frisch oder aus der Dose, gehackt
Salz und frisch gemahlenen schwarzen Pfeffer
675 g Wald- oder Zuchtpilze oder beides
75 g Butter
2 Zehen Knoblauch, fein gehackt
Saft einer halben Zitrone
1 l Bechamelsoße mit 3 El frischen Kräutern vermischt
175 g geriebenen Parmesan
Für 8 Personen

1. Eine große flache, quadratische Auflaufform mit Butter ausstreichen.

2. ▲ Eierpastateig machen, auswellen und auf dieselbe Länge wie die Backform schneiden. Die Breite des Teiges sollte 1 Drittel oder die Hälfte der Breite der Backform sein.

3. In einer kleinen Pfanne das Öl erhitzen und die Zwiebel darin glasig schmoren. Die Tomaten zugeben und 6-8 min. mitschmoren. Dabei öfter umrühren. Mit Salz und Pfeffer würzen und beiseite stellen.

4. ▲ Die Pilze mit einem feuchten Tuch säubern. Fein schneiden. Ca 35 g der Butter in einer Pfanne erhitzen und sobald sie Blasen wirft, die Pilze zugeben. So lange braten, bis ein Großteil des Pilzsaftes verkocht ist, dann Knoblauch und Zitronensaft einrühren. Mit Salz und Pfeffer würzen. Den Rest der Flüssigkeit verkochen lassen und sowie sich die Pilzscheiben bräunen, Pfanne vom Feuer nehmen.

5. ▲ Den Backofen auf E 200°, Gas Stufe 6 vorheizen. Einen sehr großen Topf voll Salzwasser zum Kochen bringen. Eine große Schüssel mit kaltem Wasser daneben stellen. In das kochende Wasser 3 oder 4 der Pastateig-Rechtecke geben. 30 sek. kochen und dann 30 sek. in die Schüssel mit kaltem Wasser legen. Wieder heraus nehmen und zum Trocknen auslegen. Ebenso mit den restlichen Teigstücken verfahren.

6. ▲ Um die Lasagne zusammen zusetzen sollten alle Zutaten parat liegen: Backform, Füllungen, Pasta, Käse und Butter. Einen großen Löffel voll Bechamelsoße auf den Boden der Form streichen. Eine Lage Pasta darauflegen. Mit Pilzen bedecken. Etwas Bechamelsoße darübergießen und mit Parmesan bestreuen.

7. ▲ Pasta darauf legen. Tomatensoße darüberstreichen, Bechamelsoße oben draufgeben und mit Parmesan bestreuen. So Lage für Lage aufbauen, immer Pilzbelag und Tomatensoße im Wechsel. Mit einer Lage Pasta, die mit Bechamelsoße bestrichen und mit Parmesan bestreut ist, enden. Butterflöckchen daraufsetzen. (Nicht mehr als 6 Lagen Pasta machen).

8. 20 min. backen. Aus dem Ofen nehmen und vor dem Servieren 5 min. stehen lassen.

Tortelli mit Kürbisfüllung

Tortelli di zucca

Über die Herbst und Wintermonate sind die Märkte in Norditalien voll von hellorangen Kürbisen, aus denen Suppen, Pastafüllungen und Soßen gemacht werden.

Zutaten
1 kg Kürbis (mit der Schale gewogen)
75 g Amarettibiskuits, zerbröselt
2 Eier
75 g frisch geriebenen Parmesan
etwas Muskat
Salz und frisch gemahlenen schwarzen Pfeffer
Semmelbrösel
Eierpastateig aus 3 Eiern
Zum Servieren
115 g Butter
75 g Parmesan
Für 6-8 Personen

1. Den Backofen auf E 190°, Gas Stufe 5 vorheizen. Den Kürbis mitsamt der Schale in Spalten schneiden. Diese in eine Kasserolle geben, zudecken und 45-50 min backen. Auskühlen lassen und schälen. Das Kürbisfleisch direkt in eine Schüssel passieren.

2. ▲. Biskuitkrumen, Eier Parmesan und Muskat zugeben. Mit Salz und Pfeffer würzen. Wenn die Mischung zu feucht ist, Semmelbrösel unterrühren. Beiseite stellen.

3. Den Eierpastateig zubereiten. Sehr dünn ausrollen und aufpassen, daß er nicht austrocknet.

4. ▲ Alle 6-7 cm einen Löffel voll Füllung auf den Teig geben. Mit einer zweiten Teigplatte bedecken und um die Füllungen vorsichtig festdrücken. Mit einem Teigrad zwischen den Füllungen die Rechtecke ausschneiden. Dabei sollte die Füllung in der Mitte desselben sitzen. Die gefüllte Pasta von beiden Seiten je 15 min. trocknen lassen.

5. ▲ Einen großen Topf voll Salzwasser zum Kochen bringen. Während dessen die Butter schmelzen lassen.

6. ▲ Die Tortelli ins kochende Wasser geben und 4-5 min. kochen. Rühren, daß sie nicht ansitzen. Abtropfen lassen und auf Tellern anrichten. Mit Butter begossen und mit Parmesan bestreut, servieren.

Gefüllte Pastahalbmonde

Mezzelune ripiene di formaggi

Die Füllung dieser Eierpasta-Halbmonde besteht aus einem leckeren Käsegemisch. Sie sind eine beliebte Vorspeise.

Zutaten
225 g frischen Ricotta
225 g Mozzarella
115 g frisch geriebenen Parmesan
2 Eier
3 El frisch gehacktes Basilikum
Salz und frisch gemahlenen schwarzen Pfeffer
Eierpastateig aus 3 Eiern
Milch
Für die Soße
450 g Tomaten
3 El Olivenöl
1 kleine Zwiebel, fein gehackt
9 El Sahne
Für 6-8 Personen

1. ▲ Ricotta durch ein Sieb direkt in eine Schüssel pressen. Mozzarella in Würfel schneiden und zugeben. Parmesan, Ei und Basilikum unterrühren und mit Salz und Pfeffer würzen. Alles gut vermischen und beiseite stellen.

2. Für die Soße die Tomaten kurz in kochendes Wasser tauchen. Schälen und fein hacken. Das Öl in einem Topf erhitzen und die Zwiebel darin glasig schmoren. Tomaten zugeben und 15 min. köcheln lassen. Mit Salz und Pfeffer würzen. Durchpassieren und beiseite stellen.

3. Den Eierpastateig bereiten. Sehr dünn ausrollen und nicht trocknen lassen.

4. ▲ Mit Förmchen oder einem Glas 10 cm ∅ Kreise ausstechen. Einen Löffel voll Füllung auf jede Teighälfte setzen und zusammenklappen.

5. Die überlappenden Ränder mit einer Gabel festdrücken. Den restlichen Teig ebenso verarbeiten. Die Halbmonde eine halbe Stunde trocknen lassen, dabei einmal umdrehen.

6. Einen großen Topf voll Salzwasser zum Kochen bringen. Tomatensoße wieder erwärmen und die Sahne einrühren. Aufpassen, daß sie nicht kocht.

7. Die gefüllte Pasta vorsichtig in leicht kochendes Wasser legen, und 5-7 min. kochen. Dabei umrühren, so daß die Pasta nicht am Topfboden ankleben kann. Heraus nehmen, kurz abtropfen lassen und auf Tellern anrichten. Mit der Tomatensoße begießen und umgehend servieren.

Cannelloni mit Hackfleischfüllung

Cannelloni di ripioni di carne

Cannelloni sind rechteckig geschnittener Eierpastateig mit Hackfleich gefüllt und in einer Soße gebacken.

Zutaten
3 El Olivenöl
1 mittelgroße Zwiebel, fein gehackt
225 g sehr feines Rinderhack
75 g gekochten Schinken, fein geschnitten
1 El frisch gehackte Petersilie
2 El Tomatenmark verrührt in
1 El warmes Wasser
1 Ei
Salz und frisch gemahlenen schwarzen Pfeffer
Eierpastateig aus 2 Eiern, ausgerollt
750 ml Bechamelsoße
50 g frisch geriebenen Parmesan
40 g Butter
Für 6-8 Personen

1. ▲ Öl in einer Pfanne erhitzen. Zwiebel darin glasig schmoren. Das Hackfleisch einrühren, mit einer Gabel zerteilen und braten, bis es die rote Farbe verloren hat.

2. ▲ Vom Feuer nehmen, das Hackfleischgemisch in eine Schüssel geben. Petersilie, Schinken, Ei und Tomatenmark zugeben, mit Salz und Pfeffer

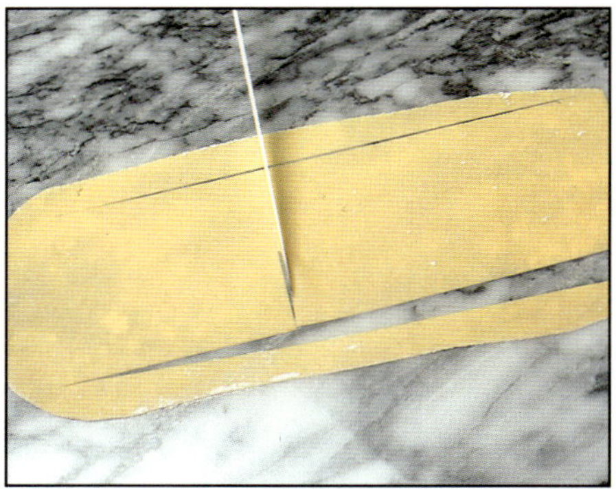

3. ▲ Eierpastateig machen und ausrollen. Nicht trocknen lassen und in Rechtecke schneiden, ca. 6 x 12 cm.

4. Einen großen Topf voll Wasser zum Kochen bringen. Eine Schüssel mit kaltem Wasser daneben stellen. Wasser salzen und 3 oder 4 der Pastarechtecke hinein geben. Eine halbe Minute kochen, herausnehmen und ins kalte Wasser legen, ebenfalls eine halbe Minute lang. Dann das überflüssige Wasser abschütteln und die Teigecken auf ein Arbeitsbrett legen. Mit den restlichen Teigecken ebenso verfahren.

5. Den Backofen auf E 220°, Gas Stufe 7 vorheizen. Eine flache Auflaufform, groß genug für alle Cannelloni, ausbuttern, und 3-4 El der Bechamelsoße auf den Boden geben.

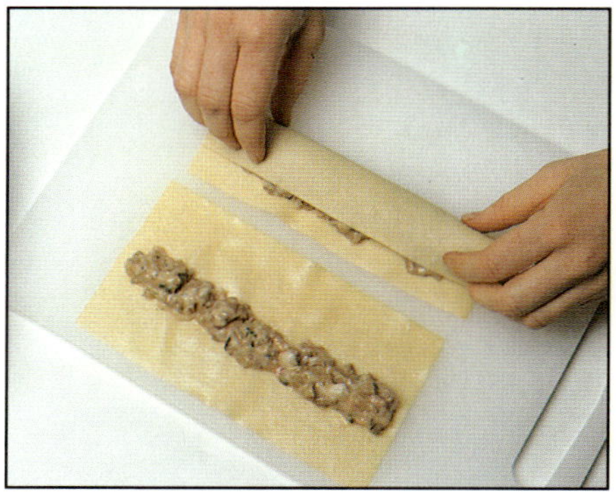

6. ▲ Ein Drittel der Soße in die Fleischfüllung rühren. Auf jedes Pastaeck etwas der Füllung geben. Nun die Teigrechtecke von der langen Seite her leicht einrollen. Die Cannelloni mit der überlappenden Seite nach unten in die Auflaufform legen.

7. ▲ Die restliche Soße über und zwischen den Cannelloni verteilen. Das Ganze mit Parmesan bestreuen und mit Butterflocken besetzen. 20 min. backen und vor dem Servieren 10 min. ruhen lassen.

REIS, POLENTA, EIER UND KÄSE

Das klassische Risotto ist sahnig und sehr fein und subtil gewürzt. Es kann Pilze, Spargel oder Meeresfrüchte enthalten. Die dicke, gelbe Polenta paßt sehr gut zu Fleisch- und Gemüsegerichten und ist schnell und einfach zubereitet.

Risotto mit Parmesan

Risotto alla parmigiana

Risotto unterscheidet sich von anderen Reisgerichten durch seine besondere Art der Zubereitung.

Zutaten
1 l Fleisch- Gemüse- oder Hühnerbrühe
65 g Butter
1 kleine Zwiebel, fein gehackt
275 g Risotto-Reis
100 ml trockenen Weißwein
Salz und frisch gemahlenen schwarzen Pfeffer
75 g geriebenen Parmesan
Für 3-4 Personen

1. Die Brühe heiß werden lassen und so halten bis sie gebraucht wird.

2. In einer großen Kasserolle 2 Drittel der Butter schmelzen lassen. Zwiebel darin schmoren, bis sie weich ist. Den Reis hinzufügen und rühren, bis er überall mit Butter bedeckt ist.
Nach ca. 2 min. den Wein dazugießen.

3. ▲ Die Flamme etwas höher stellen und alles köcheln bis der Wein verdunstet ist. Einen kleinen Schöpfer voll Brühe zugeben und unter ständigem Rühren ebenfalls verdunsten lassen. Dieses Verfahren ständig wiederholen, bis der Reis etwas gequollen ist. Nach etwa 20 min. mit Salz und Pfeffer abschmecken.

4. Solange immer wieder etwas Brühe zugießen bis der Reis „al dente" ist. Die Kochzeit variiert je nach dem, wie der Reis am liebsten gegessen wird. Wenn die Brühe ausgehen sollte, bevor der Reis fertig ist, heißes Wasser nehmen. Sollte im Gegenteil etwas Brühe übrigbleiben, ist dies auch kein Problem.

5. ▲ Den Topf vom Feuer nehmen. Die restliche Butter und den Parmesan einrühren. Bei Bedarf nachwürzen. Vor dem Servieren 3 bis 4 min. stehen lassen.

Risotto mit Garnelen

Risotto con gamberi

Dieses Risotto erhält seine rötliche Farbe durch das Tomatenmark.

Zutaten
325 g kleine Garnelen in der Schale
1 l Wasser
1 Lorbeerblatt
1-2 Stengel Petersilie
1 Tl Pfefferkörner
2 Zehen Knoblauch, geschält
65 g Butter
2 Schalotten, fein gehackt
275 g Risotto-Reis
1 El Tomatenmark in
100 ml Weißwein verrührt
Salz und frisch gemahlenen schwarzen Pfeffer
Für 4 Personen

1. Die Garnelen mit dem Wasser, den Kräutern, Pfefferkörnern und dem Knoblauch aufkochen. Ca. 4 min. kochen lassen. Die Scampi herausnehmen und schälen und wieder zurück in den Topf geben. Weitere 10 min. kochen.

2. Die Garnelen der Länge nach halbieren, die dunkle Vene entfernen. 4 Hälften beiseite stellen. Den Rest grob hacken.

3. 2 Drittel der Butter in einer Pfanne erhitzen. Die Schalotten darin goldgelb wenden lassen. Die Garnelen zugeben und 1-2 min. mitbraten.

4. ▲ Den Reis einrühren und mit dem Fett mischen. Nach 1-2 min. Tomatenmark und Wein unterrühren. In derselben Weise mit dem Wasser verfahren, wie in 3-5 beim Parmesan-Risotto beschrieben, wobei der Käse wegfällt. Mit den halben Garnelen garnieren.

Risotto mit Pilzen

Risotto con funghi

In Italien werden dazu fast nur frische Waldpilze verwendet.

Zutaten
25 g getrocknete Waldpilze (am besten Steinpilze)
175 g frische, gezüchtete Pilze (oder Waldpilze)
Saft einer halben Zitrone
75 g Butter
2 El frisch gehackte Petersilie
900 ml Fleisch- oder Hühnerbrühe
2 El Olivenöl
1 kleine Zwiebel, fein gehackt
275 g Risotto-Reis
100 ml trockenen Weißwein
Salz und frisch gemahlenen schwarzen Pfeffer
3 El frisch geriebenen Parmesan
Für 3-4 Personen

1. Die getrockneten Pilze in einer kleinen Schüssel mit 350 ml warmem Wasser einweichen. Nach ca. 40 min. die Pilze herausnehmen und kurz abspülen. Das Wasser in dem die Pilze lagen durch ein Filterpapier laufen lassen und aufbewahren.

2. ▲ Die frischen Pilze mit einem feuchten Tuch abreiben und in feine Scheiben schneiden. In eine Schüssel geben und mit dem Zitronensaft übergießen. In einer großen Pfanne 1 Drittel der Butter schmelzen lassen, die Pilze dazugeben und solange bei mittlerer Hitze schmoren, bis der Saft der Pilze verdunstet ist und sie goldbraun sind. Petersilie dazugeben, eine halbe Minute weiterbraten lassen und das Ganze in eine Schüssel geben.

3. Die Brühe mitsamt dem Pilzwasser in einem Topf erhitzen und so halten, bis es gebraucht wird.

4. ▲ In der Pfanne, in der die Pilze gebraten wurden, ein weiteres Drittel der Butter und das Olivenöl heiß werden lassen. Zwiebel zugeben und solange braten, bis sie weich und leicht goldgelb sind. Reis einrühren und mit dem Bratfett bedecken. Nach 1-2 min. die eingeweichten Pilze zugeben, untermischen.

5. ▲ Wein dazugießen und alles köcheln lassen, bis dieser verdunstet ist. Die Schritte 3-4 vom Parmesanrisotto wiederholen.

6. Die Pfanne mit dem Risotto vom Feuer nehmen. Die restliche Butter und den Parmesan untermischen. Mit Salz und Pfeffer abschmecken. Vor dem Servieren 3-4 min. stehen lassen.

Risotto mit Spargel

Risotto con asparagi

Das ist ein sehr feines Risotto, wenn es frischen Spargel gibt.

Zutaten
225 g Spargel, geschält (kann auch Spargelbruch sein)
700 ml Gemüse oder Fleischbrühe
65 g Butter
1 kleine Zwiebel, fein gehackt
400 g Risotto-Reis
Salz und frisch gemahlenen schwarzen Pfeffer
75 g geriebenen Parmesan
Für 4-5 Personen

1. Einen großen Topf mit Wasser zum Kochen bringen. Spargel dazugeben und 5 min. blanchieren. Den Spargel herausnehmen, das Kochwasser aufbewahren. Spargel kurz unter kaltem Wasser abspülen und abtropfen lassen. Den Spargel in ca. 4 cm lange Stücke schneiden. Die Spitzen und das darunterliegende Teil separat halten.

2. Die Brühe in einen Topf geben. 850 ml vom Spargelkochwasser dazugeben. Das Gemisch heiß werden lassen und so halten, bis es gebraucht wird.

3. ▲ 2 Drittel der Butter in einer großen Kasserolle heiß werden lassen. Zwiebel zugeben und bei mittlerer Hitze braten, bis sie weich und leicht goldgelb sind. Die unteren Enden des Spargels einrühren und 2-3 min. mitschmoren lassen. Nun den Reis unterrühren und 1-2 min. drehen, bis er mit dem Bratfett bedeckt ist.

4. ▲ Einen Schöpfer der heißen Flüssigkeit dazuschütten und unter ständigem Rühren - am besten mit einem Holzkochlöffel - dieselbe verdunsten lassen. Den nächsten Schöpfer mit Flüssigkeit dazugeben und weiterrühren bis diese ebenfalls verdampft oder absorbiert ist. Ca. 10 min. lang in der Weise verfahren.

5. ▲ Die restlichen Spargelteile unterrühren und solange immer wieder Flüssigkeit zugießen bis der Reis „al dente“ ist.

6. Den Topf mit dem Risotto vom Feuer nehmen. Die restliche Butter und den Parmesan untermischen und mit Salz und Pfeffer abschmecken. Ein paar Minuten durchziehen lassen und dann servieren.

Polenta

Polenta

Polenta ist Grieß von gelbem Mais. Sie wird in Norditalien anstelle von Reis oder Pasta gegessen.

Zutaten
1,5 l Wasser
1 El Salz
350 g Polenta
Für 4-6 Personen

1. ▲ Das Waser mitsamt dem Salz in einem großen Topf zum Kochen bringen. Die Hitze reduzieren und die Polenta unter ständigem Rühren einrieseln lassen.

2. ▲ Die Polenta - am besten mit einem langen Holzkochlöffel - ständig rühren, bis eine dicke Masse entstanden ist, die sich von der Topfwand löst. Je nach feinerer oder gröberer Beschaffenheit der Polenta ist dies nach 25- 50 min. der Fall. Polenta schmeckt am besten aus einer gußeisernen Pfanne, auf offenem Feuer gekocht und ständig gerührt.

3. ▲ Wenn die Polenta fertig ist, 5 min. stehen lassen und dann servieren. Sie paßt als Beilage hervorragend zu Gulasch, Ragout oder Gemüse. Sie kann mit Tomatensoße serviert werden oder wie eines der Gerichte auf den folgenden Seiten.

Frittierte Polenta

Polenta fritta

Polentareste können zu einem schmackhaften Appetithappen verarbeitet werden.

Zutaten
kalter Polentarest
Öl zum Frittieren
Mehl
Salz, frisch gemahlenen schwarzen Pfeffer
für 6-8 Personen als Appetitanreger

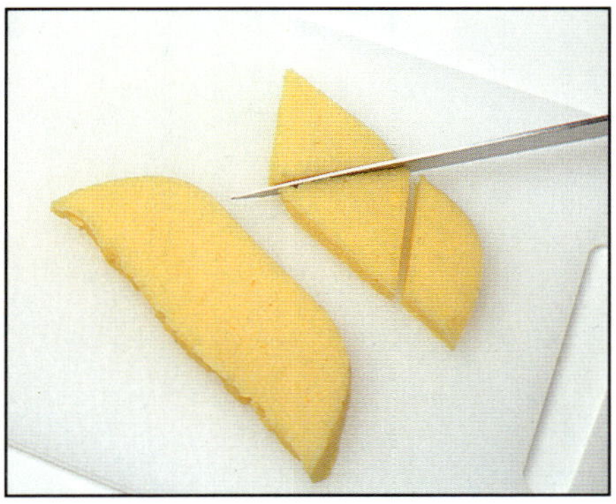

1. ▲ Den Polenta ca. 1,5 cm dick auf eine mit Mehl bestäubte Platte streichen und in kleine Dreiecke schneiden.

2. Das Öl heiß werden lassen. E 185°. Wenn es bruzzelt, sobald man ein Stück Brot hineingibt, hat es die richtige Temperatur.

3. ▲ Mehl mit Pfeffer und Salz würzen. Die Polentaecken darin wenden, das überschüssige Mehl abschütteln.

4. ▲ Die Polentastücke im Fett frittieren bis sie golden und knusprig sind. Auf Küchenpapier abtropfen lassen und heiß servieren.

Polenta mit Pilzen

Polenta con funghi

Dieses Gericht schmeckt delikat mit Waldpilzen oder einer Mischung aus Wald- und Zuchtpilzen. Ein paar getrocknete Steinpilze geben den Zuchtpilzen einen interessanten Geschmack.

Zutaten
10 g getrocknete Steinpilze (weglassen, wenn nur Waldpilze verwendet werden)
4 El Olivenöl
1 kleine Zwiebel, fein gehackt
700 g Pilze, Wald- oder Zuchtpilze oder beides
2 Zehen Knoblauch, fein gehackt
3 El frisch gehackte Petersilie
3 mittelgroße Tomaten, geschält und gewürfelt
1 El Tomatenmark
175 ml warmes Wasser
1/4 Tl frische Thymianblätter oder 1/8 Tl getrocknete
1 Lorbeerblatt
Salz, frisch gemahlenen schwarzen Pfeffer
Petersilie zum Garnieren
Für die Polenta
1,5 l Wasser
1 El Salz
350 g Polenta
Für 6 Personen

1. ▲ Getrocknete Steinpilze, - sofern solche verwendet werden - in einer kleinen Schüssel mit warmem Wasser einweichen. Nach 20 min. herausnehmen und unter kaltem Wasser abspülen. Das Pilzwasser durch ein Filterpapier laufen lassen und aufbewahren.

2. In einer großen Pfanne das Öl erhitzen und die Zwiebel darin goldgelb und weich schmoren.

3. ▲ Die frischen Pilze mit einem feuchten Tuch abreiben und in Scheiben schneiden. Zu den Zwiebeln geben. Solange bei mittlerer Hitze schmoren, bis die Flüssigkeit verdampft ist. Knoblauch, Petersilie und Tomaten untermischen und 3-4 min. weiterschmoren.

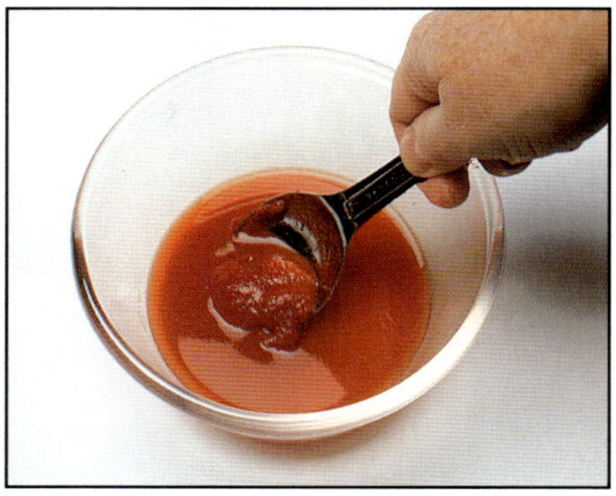

4. ▲ Das Tomatenmark in 100 ml des Pilzwassers einrühren (sonst einfach Wasser verwenden). Zu dem Pilzgemisch geben, die getrockneten Pilze und die Kräuter einrühren. Alles gut vermischen und mit Salz und Pfeffer würzen. 15-20 min. köcheln lassen, dann vom Feuer nehmen.

5. ▲ Währenddessen in einem großen Topf das Wasser mit dem Salz zum Kochen bringen. Die Polenta einrieseln lassen, dabei ständig rühren.

6. Mit einem langen, hölzernen Rührlöffel weiterrühren, Hitze reduzieren, und die Polenta fertigwerden lassen. Sie ist gar, wenn sie sich vom Topfrand löst. Je nach Körnung der Polenta dauert dies 25-50 min. Mit dem Rühren erst aufhören, wenn die Polenta fertig ist, dann vom Herd nehmen und ein paar Minuten stehen lassen.

7. ▲ Die Pilzsoße wieder erwärmen - wenn nötig. Die Polenta auf eine Servierplatte stürzen und in der Mitte eine Vertiefung lassen. Etwas von der Pilzsoße einfüllen und mit Petersilie garnieren. Den Rest der Soße extra reichen.

Gegrillte Polenta mit Gorgonzola

Polenta alla griglia

Gegrillte Polenta schmeckt vorzüglich und ist außerdem bestens geeignet, die Polentareste zu verbrauchen. Sie kann anstelle von Brot zur Suppe gereicht werden.

Zutaten
1,5 l Wasser
1 El Salz
350 g Polenta
225 g Gorgonzola, oder anderen herzhaften Weichkäse
Für 6-8 Personen als Appetithappen

1. ▲ Das Wasser mit dem Salz in einem großen Topf zum Kochen bringen. Hitze reduzieren und die Polenta einrieseln lassen. Dabei ständig rühren oder quirlen.

2. ▲ Mit einem langen Holzkochlöffel weiterrühren, bis die Polenta zu einer dicken Masse geworden ist und sich vom Topfrand löst. Das dauert zwischen 20 und 50 min., je nach Körnung der Polenta. Vom Feuer nehmen und auskühlen lassen.

3. ▲ Ein Arbeitsbrett mit Wasser besprenkeln und die Polenta ca. 1,5 cm dick darauf ausstreichen. Vollständig auskühlen lassen. Den Grill vorheizen.

4. ▲ Polenta in Dreiecke schneiden und von beiden Seiten goldgelb grillen. Sodann mit dem Gorgonzola bestreichen und sofort servieren.

Überbackene Polenta mit Käse

Polenta pasticciata

Kalte Polenta kann mit verschiedenen Zutaten gebacken werden. Die traditionelle Art Polenta zu schneiden ist die, mit einem Holzmesseer oder einem dicken Zwirn.

Zutaten
75 g Butter
warme, gekochte Polenta aus
250 g Polentagrieß
3 El Olivenöl
2 mittelgroße Zwiebeln, fein geschnitten
Prise Muskat, frisch gemahlen
Salz und frisch gemahlenen schwarzen Pfeffer
150 g Mozzarella, in dünne Scheiben geschnitten
3 El frische Petersilie
35 g frisch geriebenen Parmesan
Für 4-6 Personen

1. ▲ 1 Drittel der Butter in die gekochte Polenta rühren. Ein Arbeitsbrett mit Wasser besprenkeln und den Polentabrei ca. 1,5 cm dick darauf streichen. Mit runden Förmchen Scheiben ausstechen.

2. ▲ Das Öl und 5 g der restlichen Butter in einer mittelgroßen Pfanne erhitzen. Die Zwiebeln darin weich und goldgelb schmoren.

3. ▲ Zwiebeln mit Salz, Pfeffer und Muskat würzen. Den Backofen auf E 180°, Gas Stufe 5 vorheizen. Eine feuerfeste Form mit Butter ausstreichen und etwas von den Zwiebeln heineingeben. Polentascheiben darauf verteilen und Butterflöckchen daraufsetzen.

4. ▲ Mozzarellascheiben darüberlegen, etwas Petersilie und Parmesan darüberstreuen. Mit Salz und Pfeffer würzen. Schicht für Schicht in derselben Anordnung darüberlegen. Parmesan sollte die letzte Lage sein. Butterflöckchen obenauf setzen und 20-25 min. backen, bis der Käse geschmolzen ist. Direkt aus dem Ofen servieren.

Timballo aus Reis mit Erbsen

Timballo di riso con piselli

Das Timballo hat seinen Namen davon, weil es aussieht wie eine verkehrt liegende Kesselpauke (Timballo oder Timpano). Es ist ein überbackenes Risotto.

Zutaten
75 g Butter
2 EL Olivenöl
1 kleine Zwiebeln, fein gehackt
50 g Schinken, in kleinen Würfeln
3 EL frisch gehackte Petersilie und etwas zum Garnieren
2 Zehen Knoblauch, fein gehackt
225 g ausgelöste Erbsen, frische oder tiefgekühlte, aufgetaut
Salz und frisch gemahlenen schwarzen Pfeffer
4 EL Wasser
1 1/4 l Fleisch- oder Gemüsebrühe
275 g Risotto Reis
75 g frisch geriebenen Parmesan
175 g Fontinakäse, in kleinen Würfeln
Für 4 Personen

1. ▲ Die Hälfte der Butter und das gesamte Öl in einer Kasserolle erhitzen. Zwiebeln darin schmoren, bis sie weich sind. Schinken dazugeben und 3-4 min. mitschmoren. Petersilie und Knoblauch einrühren und weitere 1-2 min. schmoren. Die Erbsen dazugeben, gut unterrühren und mit Salz und Pfeffer würzen. Das Wasser dazuschütten, den Topf schließen und alles ca. 8 min. köcheln lassen, wenn es frische Erbsen sind und 4 min. wenn sie tiefgefroren waren. Den Deckel wieder abnehmen und die Flüssigkeit verdunsten lassen. Die Hälfte des Erbsengemisches in eine Schüssel geben.

2. Brühe heiß bereit halten, bis sie gebraucht wird. Eine ofenfeste Form, mit einem flachen Boden bebuttern, den Boden mit Backpapier auslegen und dieses ebenfalls mit Butter bestreichen.

3. ▲ Den Reis in die Kasserolle zum Erbsengemisch geben und gut untermischen. Nach 1-2 min. einen Schöpfer der heißen Brühe zugießen und unter Rühren die Flüssigkeit verdunsten lassen. Schöpfer für Schöpfer der Brühe einrühren, dabei dieselben immerwieder verdunsten lassen.

4. ▲ Den Backofen auf E180°, Gas Stufe 4 vorheizen. Nach 20 min. Kochzeit den Reis probieren. Sowie er „al dente“ oder weich ist, den Topf vom Feuer nehmen. Nachwürzen, wenn nötig, die restliche Buter und die Hälfte vom Parmesan unterrühren.

5. Etwas Parmesan auf den Boden der feuerfesten Form streuen. Die Hälfte vom Risotto daraufgeben, eine Schicht Fontina-Käse darüber legen und den Rest des Erbsen-Schinkengemisches darauf verteilen. Mit Parmesan bestreuen.

6. ▲ Mit dem restlichen Fontina-Käse bedecken und die andere Hälfte des Risotto darüber schichten. Wieder mit Parmesan bestreuen und Butterflöckchen darauf setzen. 10-15 min. backen, heraus nehmen, kurz stehen lassen.

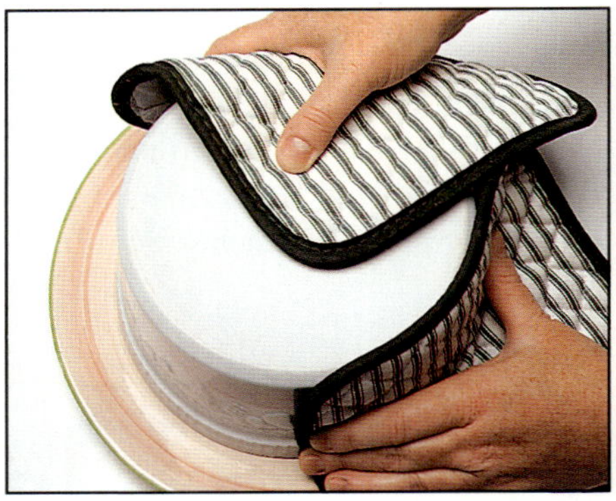

7. ▲ Mit einem scharfen Messer den Reis vom Rand der Form lösen. Einen großen Teller mit der Oberseite nach unten auf die Form legen. Nun den Teller mitsamt der Form umdrehen, so daß der Teller richtig zu stehen kommt. Wenn sich der Reis nicht gleich löst, einmal fest auf die Unterseite der Form schlagen. Das Backpapier entfernen das Timballo mit Petersilie garnieren, in Ecken schneiden und servieren.

Frittierte Reisbällchen mit Käsefüllung

Suppli

Die Reisbällchen mit Mozzarellafüllung sind in Rom und Mittelitalien beliebte Snacks.

Zutaten
Risotto mit Parmesan oder Risotto mit Pilzen
3 Eier
115 g Mozzarella, in kleinen Würfeln
Öl zum Frittieren
Semmelbrösel
Mehl zum Drehen
Für 4 Personen

1. ▲ Das Risotto auskühlen lassen. (Risotto vom Vortag läßt sich besser formen). 2 Eier aufschlagen und unter das Risotto mischen.

2. ▲ Mit den Händen aus dem Reisgemisch Bällchen formen, die etwa die Größe eines Hühnereis haben. Wenn das Risottogemisch zu weich ist, einige Löffel Semmelbrösel untermengen. Eine Vertiefung in die Mitte eines jeden Bällchens drücken, mit einigen Mozzarellawürfeln füllen und die Öffnung wieder mit dem Reisgemisch verschließen.

3. Das Öl erhitzen, E 185°. Das Öl hat die richtige Temperatur, wenn ein Brotstück beim Hineingeben bruzzelt.

4. ▲ Mehl in einen Teller geben, Ei in eine kleine Schüssel schlagen, Semmelbrösel ebenfalls in einen Teller schütten. Nun die Reisbällchen erst im Mehl wälzen, in Ei drehen und zum Schluß in Semmelbrösel wenden.

5. ▲ Im heißen Öl frittieren, bis sie goldgelb und knusprig sind. Auf einem Küchenpapier abtropfen lassen. Heiß servieren.

Kartoffel Gnocchi

Gnocchi di patate

Gnocchi sind kleine Happen, die entweder aus Kartoffeln und Mehl oder aus Grieß geformt werden. Sie sollten locker und leicht sein.

Zutaten
1 kg festkochende Kartoffeln, gewaschen
1 El Salz
250-300 g Mehl
1 Ei
1 Prise Muskat, frisch gemahlen
25 g Butter
frisch geriebenen Parmesan zum Servieren
Für 4-6 Personen

1. Die ungeschälten Kartoffeln in einen Topf geben und mit dem Salzwasser zum Kochen bringen. Kochen, bis sie weich sind aber noch nicht zerfallen. Unter kaltem Wasser abschrecken und noch heiß schälen.

2. Etwas Mehl auf ein Arbeitsbrett streuen. Die heißen Kartoffeln durch eine Presse direkt auf das bemehlte Brett drücken. Mit der Hälfte des Mehls sachte vermischen. Das Ei aufschlagen und darübergleiten lassen. Mit Muskat würzen und alles leicht zusammmenkneten. Wenn der Teig zu weich ist, noch etwas Mehl daruntermischen. Er sollte nicht mehr kleben. Nicht zu viel kneten, sonst werden die Gnocchi schwer.

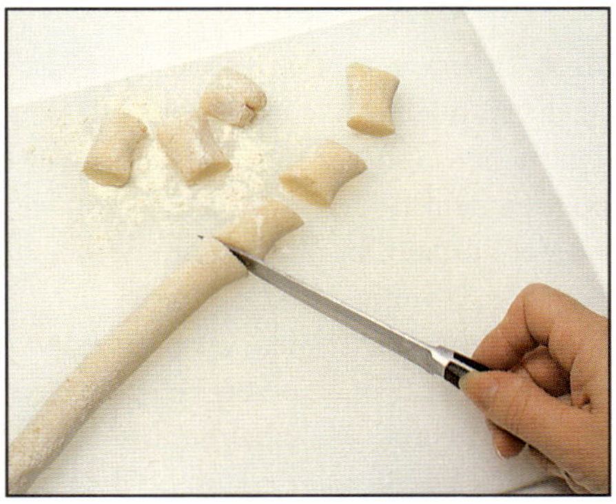

3. ▲ Den Teig zu mehreren fingerdicken Rollen formen. 2 cm lange Stücke davon abschneiden.

4. ▲ Die Gnocchi einzeln mit dem Daumen auf die Rückseite einer Gabel drücken und etwas hin und her rollen, so daß auf einer Seite der Daumenabdruck, und auf der anderen die Spuren der Gabelzinken zu sehen sind.

5. Salzwasser in einem großen Topf leicht sprudelnd kochen lassen. Die Hälfte der Gnocchi hineingeben.

6. ▲ Wenn die Gnocchi nach etwa 3-4 min. an die Oberfläche steigen, sind sie fertig. Aus dem Salzwasser fischen, etwas abtropfen lassen und in eine vorgewärmte Schüssel geben. Die Hälfte der Butter darübergießen und warmstellen, solange die zweite Portion gekocht wird. Die restlichen Gnocchi ebenfalls in die Schüssel geben, die restliche Butter darüber laufen lassen und mit dem Parmesan bestreut sofort servieren.

Kartoffel-Spinatgnocchi

Gnocchi di patate e spinaci

Die grünen Gnocchi werden genauso gemacht, wie die Kartoffelgnocchi, nur daß hier Spinat mit verwendet wird. Sie werden in Butter geschwenkt oder mit einer Tomatensoße serviert.

Zutaten
750 g frischer Spinat, oder 400 g gefrorener Spinat
1 kg festkochende Kartoffeln, gewaschen
Salz zum Abschmecken
1 Ei
250-300 g Mehl
1 Prise Muskat, frisch gerieben
50 g Butter
frisch geriebener Parmesan
Für 6 Personen

1. Den frischen Spinat mit kaltem Wasser gut waschen. Dicke Stengelteile abschneiden. Nur mit dem Wasser, das an den Blättern hängt, in einen Topf geben und diesen zudecken. Bei mäßiger Hitze ca. 5-8 min. schmoren lassen, bis der Spinat zart ist. Die letzten 2-3 min. dabei den Deckel vom Topf nehmen, sodaß das Wasser verdunstet.

2. ▲ Wenn gefrorener Spinat verwendet wird, diesen nach den Angaben auf der Packung (ohne Wasser) zubereiten. Die gekochten Spinatblätter zusammenrollen und das restliche Wasser dabei herausdrücken. Klein schneiden.

3. Die ungeschälten Kartoffeln in einen Topf geben und mit dem Salzwasser zum Kochen bringen. Kochen, bis sie weich sind, aber nicht zerfallen. Unter kaltem Wasser abschrecken und noch heiß schälen.

4. ▲ Ein Arbeitsbrett mit etwas Mehl bestreuen. Die noch heißen Kartoffeln durch eine Presse direkt auf das bemehlte Brett drücken. Den Spinat dazugeben und sachte unter die Kartoffeln mischen. Die Hälfte des übrigen Mehls untermengen. Nur leicht verarbeiten.

5. Das Ei über die Mischung gleiten lassen, Muskat dazugeben und alles zusammenkneten. Wenn nötig, noch etwas Mehl dazugeben. Der Teig sollte nicht mehr kleben. Nicht zuviel kneten, da sonst die Gnocchi nicht so locker werden, wie sie sollten.

6. ▲ Den Teig zu mehreren fingerdicken Rollen formen. 2 cm lange Stücke davon abschneiden.

7. ▲ Die Gnocchi der Reihe nach mit dem Daumen auf die Rückseite einer Gabel drücken und etwas hin und her bewegen, so daß auf einer Seite der Daumenabdruck, und auf der anderen die Spuren der Gabelzinken zu sehen sind.

8. ▲ In einem großen Topf Salzwasser leicht sprudelnd kochen lassen, Die Hälfte der Gnocchi hineingeben; sie werden zum Boden absinken. Wenn sie wieder an die Oberfläche kommen, nach ca. 3-4 min., sind sie fertig. Gnocchi herausnehmen, etwas abtropfen lassen und in eine vorgewärmte Schüssel geben. Warmhalten, bis die 2. Portion fertig ist. Zerlaufene Butter oder Tomatensoße über die Gnocchi gießen, mit Parmesan bestreuen, und heiß servieren.

Grießgnocchi überbacken

Gnocchi di semola

Dieses bekannte, römische Gericht wird aus grobem Grieß gemacht, in Scheiben geschnitten, mit Butter und Käse überbacken.

Zutaten
1l Milch
etwas Salz
35 g Butter
250 g Grieß
3 Eigelb
45 g Parmesan, frisch gerieben
Zum Backen
60 g Butter, geschmolzen
6 El Parmesan, frisch gerieben
etwas Muskat, frisch gerieben
Für 4 Personen

1. ▲ Die Milch mit dem Salz und einem Drittel der Butter erhitzen. Wenn es leicht kocht, den Grieß einrieseln lassen, dabei mit einem Schneebesen rühren, so daß sich keine Klümpchen bilden können. Alles kurz aufkochen lassen, dann bei mittlerer Hitze 15-20 min. leise blubbernd kochen lassen. Ständig rühren. Die Masse wird sehr dick.

2. ▲ Topf vom Feuer nehmen, die restliche Butter und die Eigelb unterziehen. Den geriebenen Parmesan einrühren und mit Salz abschmecken. Etwas kaltes Wasser auf ein Arbeitsbrett tröpfeln und den Grieß ca. 1cm dick darauf ausstreichen. 2 Stunden stehen lassen. Den Backofen auf E 230°, Gas Stufe 7 vorheizen.

3. ▲ Eine flache Auflaufform mit Butter ausreiben. Aus dem Grießbrei mit einem Förmchen ca. 6 cm breite Scheiben ausstechen.

4. ▲ Die Grießscheiben so in die Backform schichten, daß sie leicht überlappen. Ein bißchen geschmolzene Butter darüberträufeln und mit etwas geriebenem Parmesan bestreuen. Mit der nächsten Schicht Grießscheiben bedecken. Mit etwas Muskat und Parmesan bestreuen, mit Butter beträufeln. Lage für Lage in der Weise schichten, bis alle Zutaten aufgebraucht sind.

5. Ca. 20 min. backen, bis die Oberfläche leicht gebräunt ist. Aus dem Ofen nehmen und 5 min. stehen lassen.

~ KOCH-TIP ~

Grieß wird aus Weizen hergestellt. Er sollte luftdicht verschlossen und nicht zu lange aufbewahrt werden.

Omelett mit getrockneten Tomaten

Frittata con pomodori secchi

Einige trockene Tomaten in einem Gericht genügen, um ein typisch südländisches Aroma zu zaubern.

Zutaten
6 sonnengetrocknete Tomaten, trocken oder in Öl und abgetropft
4 El Olivenöl
1 kleine Zwiebel, fein gehackt
ein paar frische Thymianblätter
Salz und frisch gemahlenen schwarzen Pfeffer
6 Eier
50 g geriebenen Parmesan
Für 3-4 Personen

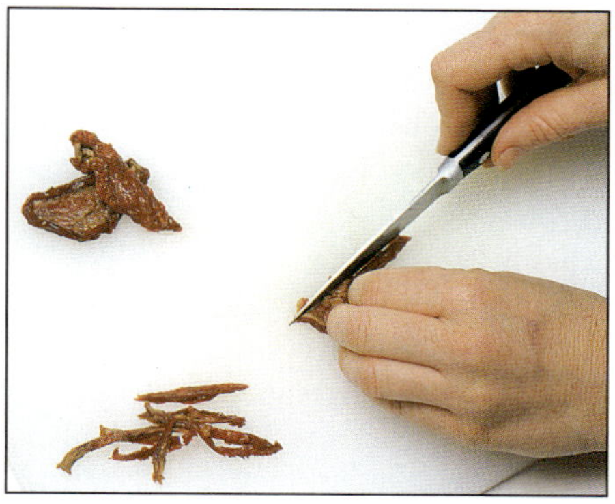

1. ▲ Die getrockneten Tomaten in eine kleine Schüssel geben und mit heißem Wasser bedeckt 15 min. weichen lassen. Tomaten herausnehmen und in schmale Streifen schneiden. Das Wasser in dem sie lagen aufbewahren.

2. ▲ Das Öl in einer großen Pfanne erhitzen. Zwiebel darin 5-6 min. schmoren, bis sie weich und goldgelb ist. Die Tomaten und den Thymian dazugeben und bei mittlerer Hitze 2-3 min. mitschmoren. Mit Salz und Pfeffer würzen.

3. ▲ Eier aufschlagen und in eine kleine Schüssel geben. Mit einer Gabel untereinander mischen. 3-5 El von dem Tomatenwasser und den Parmesan unterrühren. Hitze höher stellen. Wenn das Öl in der Pfanne bruzzelt, die Eimasse dazugeben. Schnell mit den anderen Zutaten verrühren und dann stocken lassen. Bei geringer Hitze 4-5 min. von einer Seite goldbraun backen.

4. ▲ Einen großen Teller nehmen und mit der Unterseite nach oben auf die Pfanne legen. Pfanne mitsamt dem Teller drehen, so daß die gebackene Seite des Omeletts zum Vorschein kommt. Diese nun in die Pfanne zurückgleiten lassen und von der 2. Seite goldbraun backen. Vom Feuer nehmen. Zum Servieren in Ecken schneiden.

Omelett aus Pastarest

Frittata di pasta avanzata

Das ist eine prima Möglichkeit Pastareste mit jeder Soße zu verwerten.

Zutaten
5-6 Eier
225-275 g kalte Pasta mit jeder Soße
50 g frisch geriebenen Parmesan
Salz und frisch gemahlenen schwarzen Pfeffer
65 g Butter
Für 4 Personen

1. Die Eier in einer Schüssel mit Pasta und Parmesan vermischen und eventuell nachwürzen.

2. ▲ Butter in einer großen Pfanne erhitzen. Sowie die Butter Blasen wirft, die Pastamasse hinein geben. Bei mittlerer Hitze 4-5 min. backen. Die Unterseite des Omeletts sollte goldbraun sein. Durch Schütteln der Pfanne das Omelett von dem Pfannenboden lösen.

3. ▲ Einen großen flachen Teller nehmen und mit der Unterseite nach oben auf die Pfanne legen. Pfanne mitsamt dem Teller drehen, so daß die gebackene Seite des Omeletts zum Vorschein kommt. Noch etwas Butter in die Pfanne geben und das Omelett zurück in die Pfanne gleiten lassen und von der zweiten Seite goldbraun backen. Vor dem Servieren in Ecken schneiden.

Omelett mit Zwiebeln

Frittata con cipolle

Geschmorte Zwiebeln sind eine gute Ergänzung zu der Eiermasse eines Pfannkuchens.

Zutaten
4 El Olivenöl
2 mittelgroße Zwiebeln, fein geschnitten
Salz. frisch gemahlenen schwarzen Pfeffer
2 El frische Petersilie
6 Eier
Für 3-4 Personen

1. Das Öl in einer großen Pfanne erhitzen. Zwiebeln dazugeben und bei mittlerer Hitze weich und goldgelb schmoren. Nach 10-15 min. mit Salz und Pfeffer würzen, die Petersilie dazugeben.

2. Die Eier aufschlagen und mit einer Gabel leicht verrühren. Die Flamme höher stellen und wenn das Öl bruzzelt, die Eimasse dazu geben. Sofort mit den Zwiebeln verrühren und dann stocken lassen. Hitze, sowie die Eimasse in der Pfanne ist, sofort reduzieren.

3. ▲ Das Omelett ca. 5 min. goldbraun backen. Durch Schütteln der Pfanne ein Ankleben des Eierkuchens verhindern.

4. ▲ Eine große, flache Platte mit der Oberseite nach unten auf die Pfanne legen. Pfanne mitsamt der Platte umdrehen, so daß die gebackene Seite des Omeletts zum Vorschein kommt. Dieses wieder zurück in die Pfanne rutschen lassen und von den zweiten Seite goldbraun backen. Vom Feuer nehmen und vor dem Servieren in Ecken schneiden.

Omelett mit Spinat und Schinken

Frittata con spinaci e prosciutto

In Italien wird ein Omelett oft als Brotbelag verwendet.

Zutaten
200 g gekochten Spinat, frisch oder tiefgefroren und aufgetaut
3 El Olivenöl
4 Frühlingszwiebeln, fein gehackt
1 Zehe Knoblauch
50 g Schinken oder Prosciutto, in kleinen Würfeln
Salz, frisch gemahlenen schwarzen Pfeffer
8 Eier
Für 6 Personen

1. ▲ Das überflüssige Wasser mit den Händen aus dem Spinat drücken, diesen grob hacken und beiseite stellen.

2. ▲ Das Öl in einer Pfanne erhitzen. Frühlingszwiebeln dazugeben und 3-4 min. schmoren lassen. Knoblauch und Schinken dazugeben und alles goldgelb werden lassen. Den Spinat zufügen und 3-4 min. weich werden lassen. Mit Salz und Pfeffer abschmecken.

3. ▲ Die Eier in eine Schüssel schlagen und mit einer Gabel leicht durchschlagen. Die Hitze unter dem Gemüse erhöhen und die Eier zugeben. Schnell mit den anderen Zutaten vermischen und dann stocken lassen. Nach 5-6 min. ist die Unterseite des Omeletts goldbraun. Ab und zu die Pfanne schütteln, um ein Anbacken des Eierkuchens zu verhindern.

4. ▲ Eine große, flache Platte mit der Oberseite nach unten auf die Pfanne legen. Pfanne mitsamt der Platte umdrehen, so daß die gebackenen Seite des Omeletts obenauf liegt. Dieses wieder zurück in die Pfanne rutschen lassen und von der zweiten Seite goldbraun backen. Vom Feuer nehmen und vor dem Servieren in Ecken schneiden.

Salat aus geschnittenem Omelett

Frittata fredda in insalata

Diese Gericht - kalte Frittaten mit Tomatensoße - ist ideal für ein leichtes Abendessen im Sommer.

Zutaten
6 Eier
2 El gemischte Kräuter, fein gehackt (Basilikum, Petersilie, Thymian, Liebstöckel)
35 g frisch geriebenen Parmesan
Salz und frisch gemahlenen schwarzen Pfeffer
3 El Olivenöl
Für die Tomatensoße
2 El Olivenöl
1 kleine Zwiebel, feingehackt
350 g frische Tomaten aus der Dose, fein gehackt
1 Zehe Knoblauch, fein gehackt
4 El Wasser (oder Saft der Dosentomaten)
Salz, frisch gemahlenen schwarzen Pfeffer
Für 3-4 Personen

1. Eier in eine Schüssel schlagen und mit einer Gabel verrühren. Kräuter und Parmesan mit der Gabel darunterschlagen. Mit Salz und Pfeffer würzen. Das Öl in einer Pfanne heiß werden lassen.

2. ▲ Das Eigemisch hinzufügen und stocken lassen. Goldbraun braten.

3. Eine große, flache Platte mit der Oberseite nach unten auf die Pfanne legen. Pfanne mitsamt der Platte umdrehen, so daß die gebackene Seite des Omeletts obenauf liegt. Dieses wieder zurück in die Pfanne rutschen lassen und von der anderen Seite goldbraun backen.Vom Feuer nehmen und auskühlen lassen.

4. ▲ Das Öl für die Soße in einem Soßentopf erhitzen. Zwiebel zufügen und zart schmoren lassen. Tomaten, Knoblauch und Wasser zugeben umd mit Salz und Pfeffer würzen. Den Topf zudecken und alles bei mittlerer Hitze ca. 15 min. schmoren lassen.

5. Topf vom Feuer nehmen und die Soße auskühlen lassen. Soße passieren.

6. ▲ Das Omelett in dünne Streifen schneiden. In eine Schüssel geben und die Soße darübergießen. Bei Raumtemperatur oder gekühlt servieren.

Gebackene Eier auf Tomaten

Uova al piatto con pomodori

Diese Eier auf Tomatensoße sind ein leichtes Hauptgericht oder eine kleine Zwischenmahlzeit.

Zutaten
4 El Olivenöl
1 kleine Zwiebel, fein gehackt
2 El frisches Basilikum, gehackt
450 g Tomaten, geschält und gehackt
6 Eier
Salz und frisch gemahlenen schwarzen Pfeffer
15 g Butter
3 große oder 6 kleine Portionen

1. ▲ Das Öl in einer flachen, feuerfesten Form erhitzen. Zwiebel dazugeben und weich und goldgelb braten.

2. ▲ Backofen auf E 190°, Gas Stufe 5 vorheizen. Die Tomaten zu den Zwiebeln geben und 5-10 min. schmoren lassen. Das Basilikum einrühren.

3. ▲ Die Eier vorsichtig aufschlagen und über die Tomaten gleiten lassen. Mit Salz und Pfeffer würzen und Butterflöcken darauf setzen. 7-10 min. backen, bis das Eiweiß stockt, der Dotter jedoch noch weich ist. Aus dem Ofen servieren.

~ VARIANTE ~

Für ein gehaltvolleres Essen, geriebenen Parmesan darüberstreuen und dann überbacken.

Überbackene Eier mit Käse

Uova al piatto alla parmigiana

Überbackener Parmesan ist eine ideale Ergänzung zu einem einfachen Gericht.

Zutaten
6 Eier
Salz und frisch gemahlenen schwarzen Pfeffer
35 g Schinken, in Streifen geschnitten
6 El frisch geriebenen Pasrmesan
25 g Butter
Petersilie zum Garnieren
Warme Weißbrotscheiben zum Servieren
3 große oder 6 kleine Portionen

1. Backofen auf E 200°, Gas Stufe 6 vorheizen. Eine feuerfeste Form (oder kleine Förmchen) mit Butter ausstreichen.

2. ▲ Eier aufschlagen und in die Form gleiten lassen. Schinkenwürfel darauf verteilen und alles mit Parmesan bestreuen.

3. ▲ Butterflocken oben drauf setzen. Zugedeckt 7-10 min. backen. Das Eiweiß sollte gestockt und der Käse geschmolzen sein. Mit Petersilie garnieren und mit warmem Brot servieren.

Fonduta mit Gemüse

Fonduta con verdure

Fonduta ist eine cremige Käsesoße aus den Bergen der Val d'Aosta-Region. Dort wird die Soße mit weißen Trüffelstücken garniert und mit getoastetem Brot serviert.

Zutaten
gemischtes Gemüse, wie Fenchel, Broccoli, Karotten, Blumenkohl oder Zucchini, geputzt
115 g Butter
12-16 Scheiben Baguette
Für die Soße
300 g Fontina Käse
1 El Mehl
Milch
50 g Butter
50 g frisch geriebenen Parmesan
1 Prise Muskat, frisch gerieben
Salz und frisch gemahlenen schwarzen Pfeffer
2 Eigelb in Raumtemperatur
einige weiße Trüffelstücke, wenn gewünscht
Für 4 Personen

1. ▲ Ungefähr 6 Std. bevor das Fonduta serviert werden soll, den Fontinakäse in Würfel schneiden. Diese in eine Schüssel geben, Mehl darüberstreuen und das Ganze mit Milch bedecken. Kühl stellen. 1 Std. vor dem Kochen aus dem Kühlschrank nehmen; es sollte zum Weiterverarbeiten Raumtemperatur haben.

2. Bevor das Fonduta bereitet wird, das Gemüse dünsten, bis es weich ist und dann in Stücke schneiden. Auf eine Servierplatte geben, Butterflöckchen daraufsetzen und warm halten.

3. Die Brotscheiben dünn mit Butter bestreichen und im Backofen oder im Grill leicht rösten.

4. ▲ Für das Fonduta die Butter in einer Schüssel im Wasserbad schmelzen lassen. Den Fontina aus der Milch nehmen und zu der Butter geben. 3-4 El der Milch, in der der Käse lag, dazugeben. Rühren, bis der Käse geschmolzen ist. Wenn sich alles zu einer cremigen Masse verbunden hat, den Parmesan unterrühren und schmelzen lassen. Mit Salz, Pfeffer und Muskat würzen.

5. ▲ Die Schüssel aus dem Wasserbad nehmen. Die zwei Eigelb durch ein feines Sieb rühren und unter die Käsesoße ziehen. Alles in vorgewärmte kleine Schüsseln füllen und wenn gewünscht mit den Trüffelstücken garnieren. Mit dem Gemüse und dem Toastbrot servieren.

Frittierter Mozzarella

Mozzarella fritta

Diese frittierten Käsescheiben ergeben ein leichtes, vegetarisches Gericht. Das Rezept stammt aus der Gegend um Neapel wo sehr viel Mozarella hergestellt wird.

Zutaten
300 g Mozzarella
Öl zum Frittieren
2 Eier
Mehl, mit Salz und Pfeffer gewürzt
Semmelbrösel
Für 2-3 Personen

1. ▲ Den Mozzarella in ca. 1cm dicke Scheiben schneiden. Mit einem Küchenpapier trockentupfen.

2. ▲ Das Öl erhitzen, bis ein Brotstück beim Hineingeben bruzzelt (E 185°). Während das Öl heiß wird, die Eier in eine flache Schüssel schlagen. Etwas Mehl auf einen Teller geben. Semmelbrösel auf einen anderen.

3. ▲ Die Mozzarellascheiben in Mehl wenden, so daß sie ganz davon bedeckt sind . Überflüssiges Mehl abschütteln. Dann im Ei drehen und anschließend in den Semmelbröseln wenden.

4. ▲ Im heißen Öl frittieren, bis sie goldbraun sind. (Die Käsescheiben sollten nicht lange unfrittiert stehen bleiben, da sich sonst die Panade löst.) Kurz auf Küchenpapier abtropfen lassen und heiß servieren.

Gegrillte Käsebrote

Panini alla griglia

Knoblauch, Kräuter und Tomaten ergeben den typisch südländischen Geschmack.

Zutaten
3 El Olivenöl
4-5 Tomaten aus der Dose, fein gehackt
einige Blätter Basilikum, in Streifen gerissen
Salz und frisch gemahlenen schwarzen Pfeffer
4-6 Scheiben Baguette
1 Zehe Knoblauch, geschält und halbiert
75 g Mozzarella, in Scheiben
Für 4 Personen

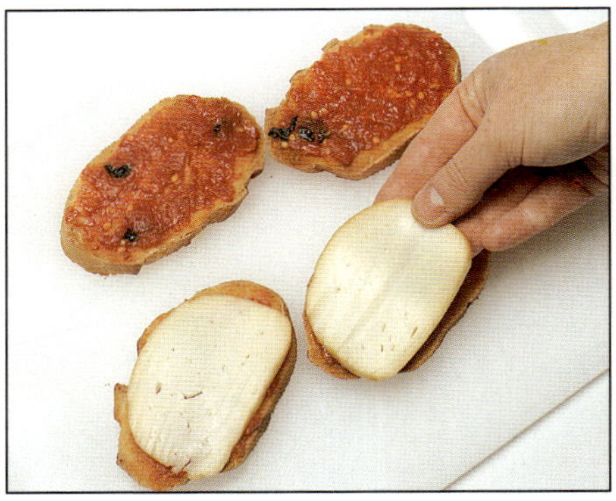

1. Das Öl in einer kleinen Pfanne erhitzen. Tomaten und Basilikum dazugeben und mit Salz und Pfeffer würzen. Bei mittlerer Hitze 8-10 min. schmoren, bis der meiste Saft der Tomaten verdunstet ist.

2. ▲ Das Brot toasten. Wenn es etwas ausgekühlt ist, auf einer Seite mit der Schnittfläche des Knoblauchs einreiben.

3. ▲ Tomatengemisch auf den Brotscheiben verteilen und den Käse darauflegen. Auf ein Blech setzen und 5-8 min. grillen, bis der Käse schmilzt. Heiß servieren.

Mozzarella-, Tomaten-, Basilikumsalat

Insalate caprese

Dieser sehr bekannte und einfach zu bereitende Salat, wird als das Nationalgericht schlechthin bezeichnet, da er die drei Farben der italienischen Flagge enthält.

Zutaten
4 große Tomaten
400 g Mozzarella
8-10 Blätter frisches Basilikum
4 El extra-vergine Olivenöl
Salz und frisch gemahlenen schwarzen Pfeffer
Für 4 Personen

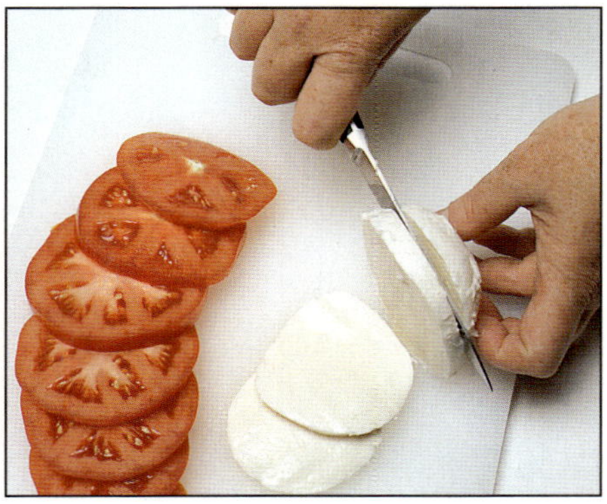

1. ▲ Tomaten und Mozzarella in dicke Scheiben schneiden.

2. ▲ Tomaten und Käse wechselweise auf einer Platte anrichten und mit Basilikum garnieren.

3. ▲ Mit dem Olivenöl beträufeln und leicht salzen. Den Pfeffer extra servieren.

~ KOCH-TIP ~

Mozzarella wird aus Kuh- oder Wasserbüffelmilch hergestellt, die im Süden von Italien zu finden ist.

PIZZAS UND WÜRZBROT

Es macht Vergnügen, Pizzas zu Hause zuzubereiten, kombiniert mit den persönlichen Lieblingszutaten. Italienische Flachbrote und Brotsticks, bestreut mit Kräutern oder Körnern, sind schmackhafte Beilagen oder Ausgangspunkt für außergewöhnliche Snacks.

Basisteig für Pizza

Als Treibmittel für Pizzateig wird Hefe verwendet. Gewöhnlich muß der Teig zuerst gut aufgehen, bevor er ausgerollt und gefüllt wird. Der Teig kann in Pizzaformen oder direkt auf einem Backblech gebacken werden.

Zutaten
25 g frische Hefe
oder 15 g Trockenhefe
250 ml Wassser, lauwarm
1 Prise Zucker
1 Tl Salz
350-400 g Mehl
Für 4 Personen als Hauptgericht
oder für 8 Personen als Appetitanreger

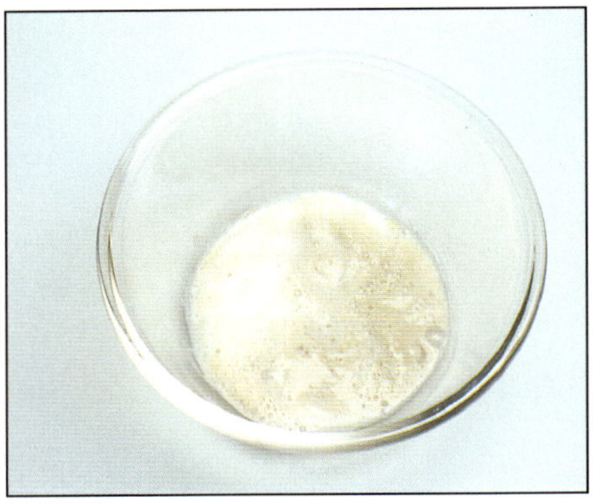

1. ▲ Eine mittelgroße Schüssel mit heißem Wasser ausspülen. Abtropfen lassen. Die Hefe in die Schüssel geben, das lauwarme Wasser dazugießen, den Zucker einrühren. Mit einer Gabel mischen und stehen lassen, bis sich die Hefe auflöst und zu schäumen beginnt, ca. 5-10 min.

2. ▲ Mit einem Holzlöffel das Salz und ein Drittel des Mehls einrühren. Nach dem Unterrühren ein zweites Drittel des Mehls mit dem Holzlöffel einrühren, bis der Teig eine Masse bildet und sich vom Schüsselrand löst.

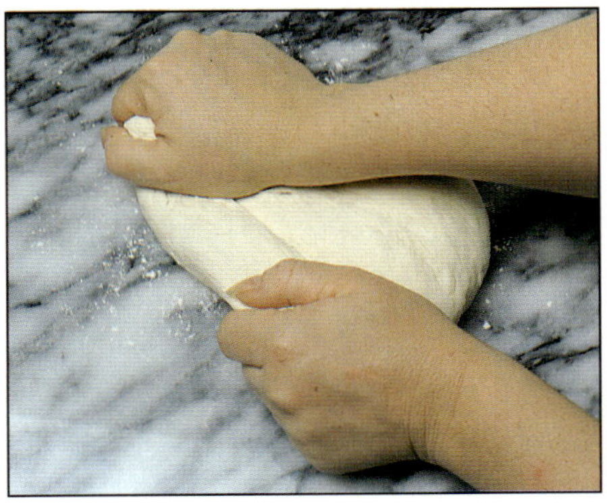

3. ▲ Vom restlichen Mehl etwas auf eine Arbeitsfläche stäuben. Den Teig aus der Schüssel nehmen und zu kneten beginnen. Nach kurzer Zeit das restliche Mehl einarbeiten und 8-10 min. kneten. Am Ende soll der Teig elastisch und glatt sein. Zu einem runden Laib formen.

4. Ein wenig Öl in eine Schüssel geben, dann den Teig hineinlegen. Ein feuchtes ausgewrungenes Küchenhandtuch quer über die Schüssel legen. An einen warmen Platz stellen, bis der Teig das Doppelte seines Umfangs erreicht hat, ca. 40-50 min., oder mehr, abhängig davon, wie die Hefe arbeitet. (Wenn kein genügend warmer Platz vorhanden ist, den Herd einschalten auf mittlere Hitze für 10 min., bevor der Teig geknetet wird. Herd ausschalten. Die Schüsssel mit dem Teig in den ausgeschalteten Herd stellen. Die Tür schließen. Den Teig aufgehen lassen.) Test: Ist der Teig genug aufgegangen, mit 2 Fingern hineinbohren. Kommt der Teig wieder hoch, ist er fertig.

5. ▲ Mit der Faust den Teig eindrücken damit die Luft entweicht. Nochmals 1-2 min. kneten.

6. ▲ Für 2 Pizzas den Teig teilen in 2 Laibe. Für 4 Pizzas (Form 26 cm ∅) den Teig vierteln. Den Teigball etwas abflachen, rund geformt. Auf eine leicht bemehlte Arbeitsfläche legen und mit etwas Mehl auf der Oberfläche bestäuben. Mit einem Teigroller ausrollen, ca. 5-7 mm dick. Wird eine Pizzaform verwendet, den Teig ca. 7 mm größer als die Form für den dickeren Rand ausrollen.

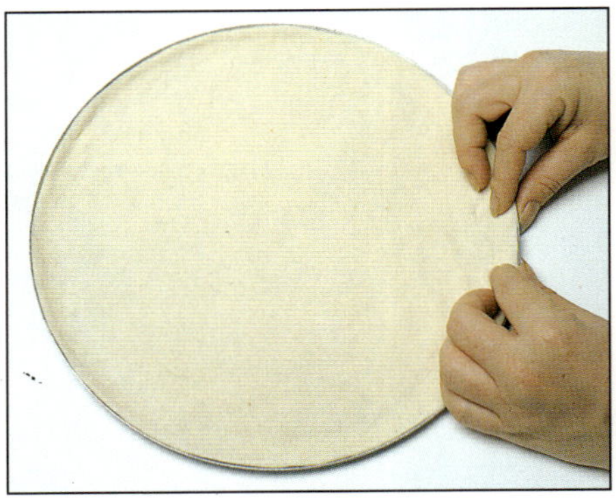

7. ▲ In die leicht geölte From legen, hinunterdrücken und einen dickeren Rand rund um die Backform drücken. Wird die Pizza nicht in einer runden Form gebacken, den Teig von der Mitte aus an die Seiten ziehen. Gleichmäßig verteilen und einen dickeren Rand formen. Auf ein leicht geöltes Backblech legen. Jetzt ist der Teig fertig für die Füllung.

~ KOCH-TIP ~

Der Basisteig kann für verschiedene Rezepte in diesem Buch verwendet werden. Zum Beispiel für Focaccia, Brotsticks, gefüllte Pizzataschen und sizilianische gedeckte Pizza. Der fertige Teig kann eingefroren werden und muß vor dem Füllen wieder aufgetaut sein.

Pizzateig aus Vollkornmehl

Pizzateig kann auch aus Vollkornweizenmehl hergestellt werden. Jedoch ist der Teig leichter zu handhaben und wird elastischer, wenn weißes Mehl mit verarbeitet wird. Dieser Teig kann ebenso für einige Rezepte verwendet werden wie der Basisteig.

Zutaten

25 g frische Hefe
oder 15 g Trockenhefe
250 ml Wasser, lauwarm
1 Prise Zucker
2 El Olivenöl
1 Tl Salz
150 g Mehl, weiß
250 g Vollkornmehl

Für 4 Personen als Hauptgericht oder für 8 Personen als Appetitanreger

1. ▲ Eine mittelgroße Schüssel mit heißem Wasser ausspülen. Abtropfen lassen. Die Hefe in die Schüssel geben, das lauwarme Wasser dazugießen, den Zucker einrühren. Mit einer Gabel mischen und stehen lassen, bis sich die Hefe auflöst und zu schäumen beginnt, ca. 5-10 min.

2. ▲ Mit einem Holzlöffel das Olivenöl, Salz und weißes Mehl einrühren. Dann die Hälfte des Volkornweizenmehls einmixen. Mit dem Holzlöffel rühren, bis der Teig eine Masse bildet und sich vom Schüsselrand löst.

3. ▲ Weiter arbeiten nach den Rezept Basisteig für Pizza (Seite 158, Punkt 3-7). Den aufgegangenen Teig eindrücken und kneten, bis er fertig ist zum Ausrollen. Dann in die Form geben.

Pizzateig aus der Küchenmaschine

1. ▲ Alle Zutaten abmessen und bereitstellen. In eine kleine Schüssel oder einen kleinen Krug die Hefe zum warmen Wasser geben. Den Zucker einrühren und stehen lassen, bis sich die Hefe aufgelöst hat, ca 5-10 min.

2. ▲ Die Küchenmaschine mit den Knethaken ausrüsten. Das Salz und drei Viertel des Mehls in die Rührschüssel geben. Einschalten und nach und nach die Hefemixtur und das Olivenöl hinzufügen. Ständig rühren, bis der Teig 1 oder 2 Bälle formt. Die Maschine ausschalten, öffnen und den Teig berühren. Fühlt er sich zu weich an, noch etwas Mehl hinzufügen. Nochmals rühren bis es eingearbeitet ist.

3. ▲ Den Teig aus der Rührschüssel nehmen. Das restliche Mehl darüber stäuben und in 2-3 min. einkneten. Zu einem Laib formen. Weiterarbeiten nach dem Rezept Basisteig für Pizza (Seite 158, ab Punkt 4).

Pizza mit Tomaten und Käse

Pizza alla Margherita

Die Pizza Margherita wurde benannt nach der italienischen Königin aus dem 19. Jahrhundert. Sie ist eine der bekanntesten und populärsten Pizzas.

Zutaten
450 g geschälte Tomaten, frisch, oder aus der Dose , ohne Saft gewogen
1 Rezept Basisteig, ausgerollt
350 g Mozzarella, geschnitten in kleine Würfel
10-12 frische Basilikumblätter, zerpflückt
4 El Parmesan, frisch gerieben (nach Wahl)
Salz, frisch gemahlener schwarzer Pfeffer
3 El Olivenöl
Für 4 Pizzas

1. 20 min. vor dem Backen den Herd vorheizen, E 250°, Gas Stufe 9. Die Tomaten zerkleinern und die ganze Masse in eine Schüssel durch ein Sieb passieren.

2. ▲ Die pürierten Tomaten gleichmäßig auf dem vorbeiteten Teig verteilen. Den Rand unbedeckt lassen.

3. ▲ Gleichmäßíg die Mozzarellawürfel darüber verteilen. Zerplückte Basilikumblätter überstreuen. Mit Parmesan (wenn gewünscht), Salz, Pfeffer und Öl besprenkeln. In den Herd schieben und 15-20 min. backen oder bis die Teigkruste goldbraun und der Käse geschmolzen ist und blubbert.

Pizza mit Mozzarella und Sardellen

Pizza alla napoletana

Fragt man nach einer Pizza auf neapolitanische Art irgendwo in Italien oder auch in Neapel, bekommt man diese Pizza mit Sardellen.

Zutaten
450 g geschälte Tomaten, frisch oder aus der Dose, ohne Saft gewogen
1 Rezept Basisteig, ausgerollt
40 g Sardellenfilets in Öl, abgetropft, geschnitten in kleine Stücke
350 g Mozzarella, geschnitten in kleine Würfel
1 Tl Oreganoblätter, frisch oder getrocknet
Salz, frisch gemahlenen schwarzen Pfeffer
3 El Olivenöl
Für 4 Pizzas

1. 20 min. vor dem Backen den Herd vorheizen, E 250°, Gas Stufe 9. Die Tomaten zerkleinern und die ganze Masse in eine Schüssel durch ein Sieb passieren.

2. ▲ Die pürierten Tomaten gleichmäßig auf dem vorbereiteten Teig verteilen. Den Rand unbedeckt lassen. Bestreuen mit den Sardellenstücken und Mozzarellawürfeln.

3. ▲ Die Oreganoblätter überstreuen. Mit Salz, Pfeffer und Olivenöl besprenkeln. Sofort in den Herd schieben und 15-20 min. backen oder bis die Teigkruste goldbraun ist und der Käse blubbert.

Vierjahreszeitenpizza

Pizza quattro stagioni

Diese Pizza ist in vier Stücke zu teilen, eines für jede Jahreszeit. Auch einige andere jahreszeitliche Gemüse bieten sich als Ersatzzutaten an.

Zutaten
450 g geschälte Tomaten, frisch, oder aus der Dose, ohne Saft gewogen
5 El Olivenöl
115 g Champignons, dünn geschnitten
1 Zehe Knoblauch, fein gehackt
1 Rezept Basisteig, ausgerollt
350 g Mozzarella, geschnitten in kleine Würfel
4 dünne Scheiben gekochter Schinken, geschnitten in ca. 5 cm große Vierecke
32 schwarze Oliven, geteilt und entsteint
8 Artischockenherzen, eingemacht in Öl, abgetropft, in Hälften geschnitten
1 Tl Oreganoblätter, frisch oder getrocknet
Salz, frisch gemahlenen schwarzen Pfeffer
Für 4 Pizzas

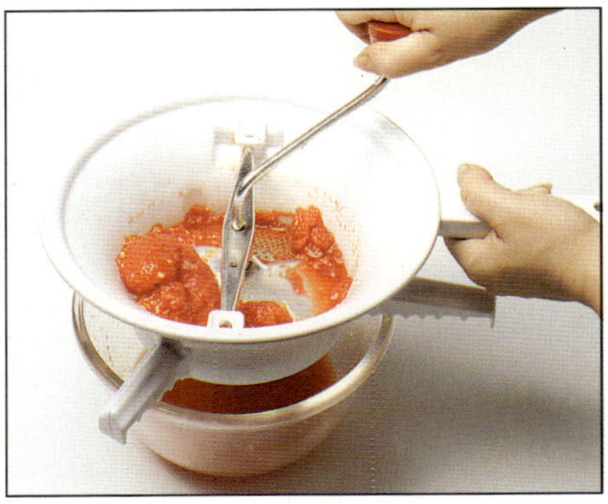

1. ▲ 20 min. vor dem Backen den Herd vorheizen, E 250°, Gas Stufe 9. Die Tomaten zerkleinern und die ganze Masse in eine Schüssel durch ein Sieb passieren.

2. 2 El Olivenöl in einer Pfanne erwärmen und die Champignons leicht anbraten. Den Knoblauch einrühren und zur Seite stellen.

3. ▲ Die pürierten Tomaten gleichmäßig über den vorbereiteten Teig verteilen. Den Rand unbedeckt lassen. Die Mozzarellawürfel darüber verteilen. Die angebratenenen Champignons auf ein Viertel einer jeden Pizza geben.

4. ▲ Den Schinken auf ein weiteres Viertel geben. Die Oliven und die Artischockenherzen auf die verbleibenden 2 Viertel. Bestreuen mit Oregano, Salz und Pfeffer. Das restliche Öl darüber verteilen. Sofort in den Herd schieben. 15-20 min. backen oder bis die Teigkruste goldbraun ist und der Käse blubbert.

Pizza mit frischem Gemüse

Pizza all'ortolana

Diese Pizza kann mit verschiedenen frischen Gemüsen kombiniert werden. Es ist von Vorteil, das Gemüse vor dem Backen der Pizza zu blanchieren oder anzubraten.

Zutaten
400 g geschälte Tomaten, frisch, oder aus der Dose, gewogen ohne Saft
2 mittelgroße Brokkolistengel
225 g frischer Spargel
2 kleine Zucchini
5 El Olivenöl
50 g enthülste Erbsen, frisch oder gefroren
4 Frühlingszwiebeln, geschnitten
1 Rezept Basisteig, ausgerollt
75 g Mozzarella, geschnitten in kleine Würfel
10 frische Basilikumblätter, zerpflückt
2 Zehen Knoblauch, fein gehackt
Salz, frisch gemahlenen schwarzen Pfeffer
Für 4 Pizzas

1. 20 min. vor dem Backen den Herd vorheizen, E 250°, Gas Stufe 9. Die Tomaten zerkleinern und die ganze Masse in eine Schüssel durch ein Sieb passieren.

2. ▲ Die Brokkolistengel und den Spargel schälen. Blanchieren mit den Zucchini in einem großen Topf mit kochendem Wasser, ca. 4-5 min. Abtropfen lassen, und in mundgerechte Stücke schneiden.

3. 2 El Olivenöl in einer kleinen Pfanne erwärmen. Die Erbsen und Frühlingszwiebeln einrühren. Unter ständigem Rühren anbraten, ca. 5-6 min. Vom Herd nehmen.

4. ▲ Die pürierten Tomaten gleichmäßig über den vorbereiteten Teig verteilen. Den Rand unbedeckt lassen. Die anderen Gemüsesorten dekorativ auf die Tomaten geben.

5. ▲ Mit Mozzarellawürfeln, Knoblauch, Basilikum, Salz und Pfeffer bestreuen. Das restliche Olivenöl darüber verteilen. Sofort in den Herd schieben. 20 min. backen oder bis die Teigkruste goldbraun und der Käse geschmolzen ist.

Pizza mit Wurst

Pizza con salsicce

Wurst mit hohem Fleischgehalt für die Füllung verwenden.

Zutaten
450 g geschälte Tomaten, frisch, oder aus der Dose, gewogen ohne Saft
1 Rezept Basisteig, ausgerollt
350 g Mozzarella, geschnitten in kleine Würfel
225 g Wurst, ohne Darm, zerbröckelt
1 Tl Oreganoblätter, frisch oder getrocknet
Salz, frisch gemahlenen schwarzen Pfeffer
3 El Olivenöl
Für 4 Pizzas

1. Den Herd vorheizen, E 250°, Gas Stufe 9, 20 min. vor dem Backen der Pizza. Die Tomaten zerkleinern und die ganze Masse in eine Schüssel durch ein Sieb passieren.

2. ▲ Die pürierten Tomaten gleichmäßig über den vorbereiteten Teig verteilen. Den Rand unbedeckt lassen. Die Mozzarellawürfel darüber verteilen. Die Wurstbröckel hinzufügen.

3. ▲ Mit Oregano, Salz und Peffer bestreuen. Das restliche Olivenöl darüber verteilen. Sofort die Pizza in den vorgeheizten Herd schieben. 15-20 min. backen oder bis die Teigkruste goldbraun ist und der Käse blubbert.

Pizza mit vier Käsesorten

Pizza con quattro formaggi

Andere Käsekombinationen sind möglich, doch sollten sich die Sorten im Geschmack unterscheiden.

Zutaten
1 Rezept Basisteig, ausgerollt
75 g Gorgonzola, dünn geschnitten
75 g Mozzarella, geschnitten in kleine Würfel
75 g Ziegenkäse, dünn geschnitten
75 g Cheddar, grob gerieben
4 frische Salbeiblätter, zerrupft, oder
3 El frische Petersilie, gehackt
Salz, frisch gemahlenen schwarzen Pfeffer
3 El Olivenöl
Für 4 Pizzas

1. Den Ofen vorheizen, E 250°, Gas Stufe 9, 20 min. vor dem Backen der Pizza. Auf ein Viertel des Teiges den Gorgonzola, auf ein weiters Viertel die Mozzarellawürfel geben. Den Rand unbedeckt lassen.

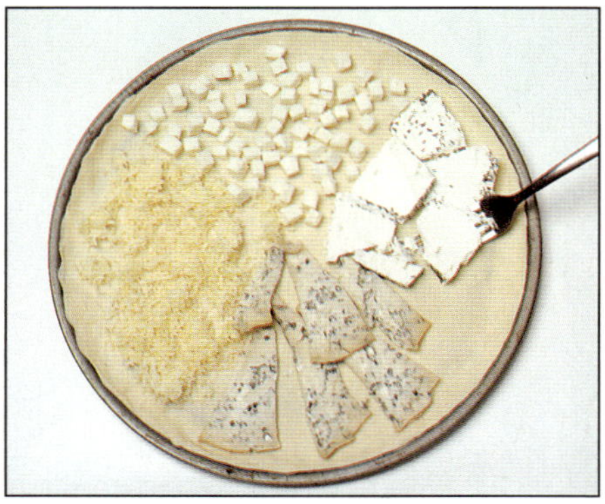

2. ▲ Auf die zwei restlichen Viertel den Ziegenkäse und Cheddar arrangieren.

~ VARIATION ~

Für einen ungewöhnlichen Geschmack 75 g Rauchkäse als Ersatz für eine der anderen Käsesorten verwenden.

3. ▲ Mit den Kräutern, dem Salz und Pfeffer besteuen. Das Olivenöl darüber verteilen. Sofort die Pizza in den Herd schieben. 15-20 min. backen oder bis die Teigkruste goldbraun ist und der Käse blubbert.

Mittelmeer-Pizza

Pizza mediterranea

Die Kombination von süßen und salzigen südländischen Zutaten sind eine leckere Art der Füllung.

Zutaten
12 sonnengetrocknete Tomaten, trocken oder in Öl, abgetropft
350 g Ziegenkäse, so dünn geschnitten wie möglich
1 Rezept Basisteig, ausgerollt
2 El Kapern, abgespült
10 frische Basilikumblätter
Salz, frisch gemahlenen schwarzen Pfeffer
4 El Olivenöl
Für 4 Pizzas

1. Den Herd vorheizen, E 250°, Gas Stufe 9, 20 min. vor dem Backen. Die Tomaten in eine kleine Schüssel geben, mit heißem Wasser bedecken. 15 min. einweichen. Abtropfen lassen und in dünne Streifen schneiden. (Das Einweichwasser kann für Pasta, Soßen oder Suppen verwendet werden.)

2. ▲ Den Ziegenkäse gleichmäßig auf dem vorbereiteten Pizzateig verteilen. Den Rand unbedeckt lassen. Die Tomatenstreifen darüber geben.

3. ▲ Mit Kapern und dem Basilikum bestreuen. Vor dem Backen den Teig nochmals 10 min. aufgehen lassen.

4. Mit Salz und Pfeffer bestreuen. Olivenöl gleichmäßig darüber verteilen. Pizza in den Herd schieben. 15-20 min. backen oder bis die Teigkruste goldbraun ist.

Pizza mit Zwiebeln und Oliven

Pizza con cipolle e olive

Zwiebeln langsam braten, sie lassen ihre Süße frei zum Kontrast der salzigen, bitteren Oliven.

Zutaten
6 El Olivenöl
4 mittelgroße Zwiebeln, feingeschnitten
Salz, frisch gemahlenen schwarzen Pfeffer
1 Rezept Basisteig, ausgerollt
350 g Mozzarella, geschnitten in kleine Würfel
32 schwarze Oliven, geteilt und entsteint
3 El frische Petersilie, gehackt
Für 4 Pizzas

1. Den Herd vorheizen, E 250°, Gas Stufe 9, 20 min. vor dem Backen der Pizza. Die Hälfte des Olivenöls in einer Bratpfanne erwärmen. Die Zwiebeln hineingeben und bei mittlerer Hitze braten bis sie weich und glasig sind und zu bräunen beginnen. Ca. 12-15 min. Würzen mit Salz und Pfeffer. Vom Herd nehmen.

2. ▲ Die Zwiebeln gleichmäßig auf dem vorbereiteten Pizzateig verteilen. Den Rand unbedeckt lassen. Die Mozzarellawürfel darüber verteilen.

3. ▲ Mit den Oliven belegen und mit der Petersilie bestreuen. Das restliche Olivenöl darüber geben. Sofort die Pizza in den Herd schieben. 15-20 min. backen oder bis die Teigkruste goldbraun ist und der Käse blubbert.

Pizza mit Meeresfrüchten

Pizza con frutti de mare

Eine Kombination mit Schellfisch oder anderen Meeresfrüchten können auch verwendet werden.

Zutaten
450 g geschälte Tomaten, frisch oder aus der Dose, ohne Saft gewogen
175 g kleine Kalmare
225 g frische Miesmuscheln
1 Rezept Basisteig, ausgerollt
175 g Garnelen, roh oder gekocht, geschält, ohne Därme
2 Zehen Knoblauch, fein gehackt
3 El frische Petersilie, gehackt
Salz, frisch gemahlenen schwarzen Pfeffer
3 El Olivenöl
Für 4 Pizzas

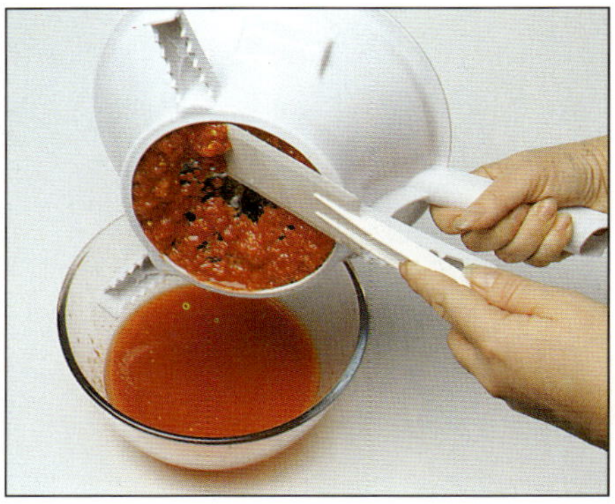

1. ▲ Den Herd vorheizen, E 250°, Gas Stufe 9, 20 min. vor dem Backen der Pizza. Die Tomaten zerkleinern und die ganze Masse in eine Schüssel durch ein Sieb passieren.

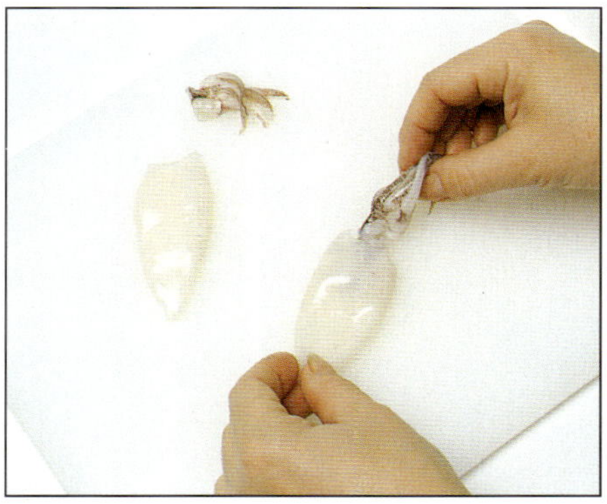

2. ▲ Neben dem Spülbecken arbeiten. Die Tintenfische zuerst von der dünnen Körperhaut befreien. Sehr gut spülen. Kopf und Tentakel von dem Sackteil herausziehen. Manche von den Därmen kommen gleichzeitig mit heraus.

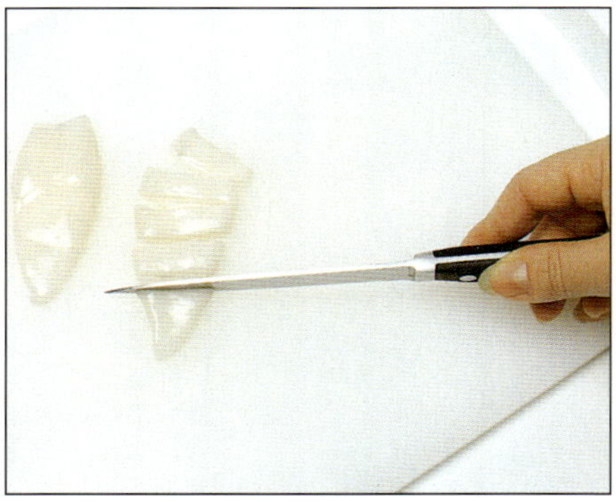

3. ▲ Den durchsichtigen Stachel entfernen und wegwerfen, ebenso die restlichen Innereien aus dem Sack. Tentakel vom Kopf abtrennen. Kopf, Därme und harten schnabelartigen Teil von den Tentakeln entfernen und wegwerfen. Sack und Tentakel unter fließendem Wasser gut abspülen. Abtropfen lassen. Den Sack in ca. 5 mm dicke Ringe schneiden.

4. ▲ Ranken von den Muscheln abkratzen. Gut mit einer harten Bürste schrubben und im kalten Wasser abspülen. Das Wasser oft wechseln. Die Muscheln in einem Topf erhitzen bis sie sich öffnen. Mit einem Sieblöffel herausnehmen. Auf die Seite stellen. Die geschlossenen Muscheln wegwerfen. Die offenen Muscheln aufbrechen und die eine Hälfte der Schalen abtrennen.

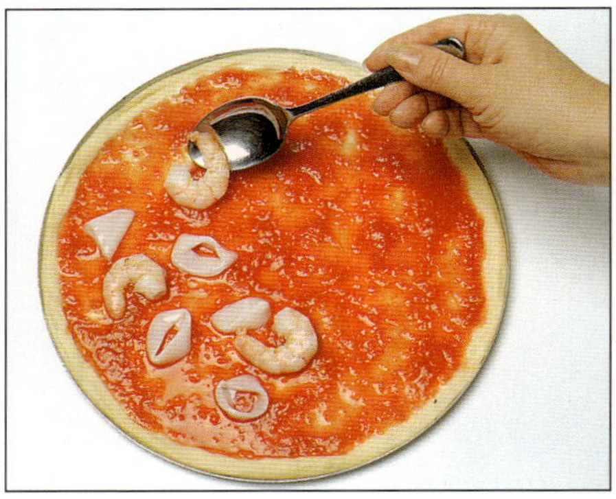

5. ▲ Die pürierten Tomaten über den vorbereiteten Teig gleichmäßig verteilen. Den Rand unbedeckt lassen. Mit Garnelen, Kalmareringen und Tentakeln bedecken. Mit Knoblauch, Petersilie, Salz und Pfeffer besteuen. Das Olivenöl darüber verteilen. Die Pizza sofort in den Herd schieben, 8 min. backen.

6. ▲ Aus dem Herd nehmen. Die Muscheln in den halben Schalen hinzufügen. Wieder in den Herd und nochmals 7-10 min. backen oder bis die Teigkruste goldbraun ist.

~ VARIATION ~

Frische Venusmuscheln hinzufügen: Unter fließendem Wasser gut schrubben. In einem Topf erhitzen bis sich die Schalen öffnen. Herausnehmen und zur Seite stellen. Die geschlossenen Muscheln wegwerfen. Die offenen aufbrechen und eine Hälfte der Schalen abtrennen. Der Pizza nach 8 min. backen hinzufügen.

Pizza mit Kräutern

Pizza in bianco con erbe aromatiche

Dieser einfache Belag aus frischen Kräutern, Olivenöl und Salz ergibt eine leckere heiße Pizza, die auch als Brot gegessen werden kann. In Italien wird sie oft als Appetitanreger gegessen.

Zutaten
1 Rezept Basisteig, ausgerollt
4 El gemischte Kräuter, gehackt
z. B. Thymian, Rosmarin, Basilikum, Petersilie oder Salbei
Salz, zum Abschmecken
6 El Olivenöl, extra rein
Für 4 Pizzas

1. ▲ Den Herd vorheizen, E 250°, Gas Stufe 9, 20 min. vor dem Backen der Pizza. Die Kräuter über den vorbereiteten Teig streuen und salzen.

2. ▲ Das Olivenöl gleichmäßig darüber verteilen. Die Pizza sofort in den Herd schieben. 20 min. backen oder bis der Teigrand goldbraun ist.

Sizilianische gedeckte Pizza

Sfinciuni

Diese Pizza gibt es in offener und geschlossener Art. Sie kann mit anderen Füllungen belegt werden.

Zutaten
1 Rezept Basisteig, nochmals aufgegangen
2 El Maismehl
3 hartgekochte Eier, geschält, in Scheiben geschnitten
50 g Anchovisfilet, abgetropft und gehackt
12 Oliven, entsteint
8 frische Basilikumblätter, zerrupft
6 mittelgroße Tomaten, geschält, entkernt, in Würfel geschnitten
2 Zehen Knoblauch, fein gehackt
frisch gemahlenen schwarzen Pfeffer
175 g Pecorino-Käse
Olivenöl, zum Bestreichen
Für 4-6 Portionen

1. Den Herd vorheizen, E 230°, Gas Stufe 8. Den nochmals aufgegangenen Teig eindrücken und 3-4 min. leicht kneten. In ein etwas größeres und etwas kleineres Stück teilen. Eine Pizzapfanne (38 cm ∅) leicht ölen. Mit dem Maismehl bestreuen. Das größere Stück Teig etwas größer als die Pizzaform ausrollen oder von der Mitte aus über den Rand pressen.

2. ▲ Den Teig in die Form legen und über den Rand hängen lassen. Mit den Eischeiben den Teigboden belegen. Den Rand unbedeckt lassen. Sardellen, Oliven und Basilikum darauf verteilen.

3. Die gewürfelten Tomaten gleichmäßig über die Zutaten verteilen. Mit Knoblauch und Pfeffer bestreuen. Darauf den geriebenen Käse.

4. ▲ Das kleinere Stück Teig in der Größe der Form ausrollen oder pressen. Über die Füllung legen. Den Rand des unteren Teigbodens darüberschlagen und möglichst glatt andrücken.

5. Die Oberfläche und den Rand mit Olivenöl bestreichen. 30-40 min. backen oder bis die Teigfläche goldbraun ist. 5-8 min. abkühlen lassen, bevor die Pizza in Stücke geschnitten wird.

Gefüllte Pizzataschen

Calzone

Calzone ist eine Pizza, in der die Füllung eingeschlossen ist. Sie kann klein oder groß sein, gefüllt auf verschiedene Art, und kann heiß oder kalt gegessen werden.

Zutaten
1 Rezept Basisteig, nochmals aufgegangen
350 g Ricotta (italienischer Weichkäse)
175 g gekochter Schinken, geschnitten in kleine Würfel
6 mittelgroße Tomaten, geschält, entkernt, geschnitten in Würfel
8 frische Basilikumblätter, zerpflückt
175 g Mozzarella, geschnitten in kleine Würfel
4 El Parmesan, frisch gerieben
Salz, frisch gemahlenen schwarzen Pfeffer
Olivenöl, uum Bestreichen
Für 4 Calzoni

1. ▲ 20 min. vor dem Backen der Calzone den Herd vorheizen, E 250°, Gas Stufe 9. Den nochmals aufgegangenen Teig eindrücken und leicht kneten. in 4 Stücke teilen.

2. ▲ Jedes Teigstück rund ausrollen, etwa 5 mm dick.

3. ▲ Alle Zutaten für die Füllung in eine Schüssel geben und sehr gut mischen. Würzen mit Salz und Pfeffer.

4. ▲ Die Füllung in 4 Portionen teilen. Auf jede Hälfte der ausgerollten Teigstücke die Füllung geben und einen Rand von 2 cm freilassen.

5. ▲ Die andere Hälfte des Teiges über die Füllung schlagen und mit den Fingern zusammendrücken.

6. ▲ Die Teigtaschen auf ein leicht geöltes Backblech legen. Oben mit Öl bestreichen. 15-20 min. im vorgeheizten Herd backen oder bis die Oberfläche goldbraun ist und der Teig aufgeblasen.

~ KOCH-TIP ~

Calzone ist eine Spezialität aus Neapel. Calzone heißt „Hosenbein“, benannt so, weil sie den sackartigen abgetragenen Hosen ähneln, die die Neapolitaner im 18. und 19. Jh. trugen. Calzoni sind heute gewöhnlich rund, waren jedoch im Original rechteckige Teigteile, zusammengeklappt mit einer langgezogenen Füllung in der Mitte.

Focaccia

Focaccia

Focaccia ist eine alte Form von Flachbrot. Der Teig wird gewöhnlich mit Öl bestrichen, auf einem großen Blech gebacken und in Vier- oder Rechtecke geschnitten.

Zutaten
1 Rezept Basisteig, nochmals aufgegangen
3 El Olivenöl
grobes Meersalz
Für 6-8 Personen als Beilage

1. ▲ Nach dem Niederdrücken des Teiges nochmals 3-4 min. kneten. Ein großes Backblech mit 1 El Olivenöl bestreichen.

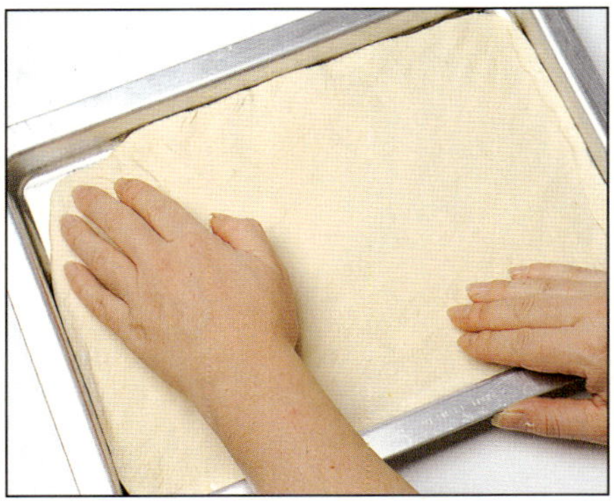

2. ▲ Den Teig auf das Blech legen, mit den Fingern gleichmäßig, ca. 2 cm dick, verteilen. Den Teig mit einem Tuch bedecken und an einem warmen Platz nochmals 30 min. gehen lassen. Den Herd vorheizen, E 200°, Gas Stufe 6.

3. ▲ Kurz vor dem Backen mit den Fingern kleine Mulden in die Oberfläche des Teiges drücken.

4. ▲ Den Teig mit dem restlichen Olivenöl bestreichen und leicht mit grobem Meersalz bestreuen. 25 min. backen oder bis der Teig hellbraun ist. In Rechtecke oder Quadrate schneiden und als Beilage zu einem Essen servieren. Oder allein, warm oder in Raumtemperatur.

~ KOCH-TIP ~

Focaccia kann eingefroren werden, wenn sie nach dem Backen genügend ausgekühlt ist. Zum Servieren auftauen und im warmen Ofen kurz aufbacken.

Focaccia mit Zwiebeln

Focaccia con cipollle

Dieses appetitliche Flachbrot ist belegt mit angerösteten Zwiebeln. Es kann geteilt und gefüllt werden mit durchwachsenem Speck oder Käse als ungewöhnliches Sandwich.

Zutaten
1 Rezept Basisteig, nochmals aufgegangen
5 El Olivenöl
1 mittelgroße Zwiebel, sehr dünn geschnitten in kurze Längen
1 halber Tl frische Thymianblätter
grobes Meersalz
Für 6-8 Personen als Beilage

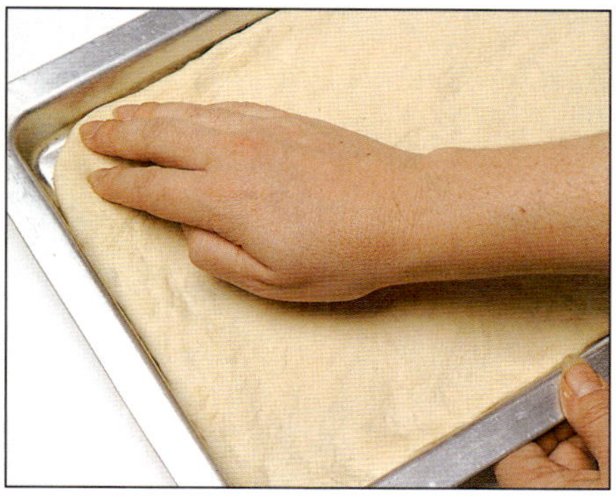

1. ▲ Nach dem Niederdrücken des Teiges nochmals 3-4 min. kneten. Ein großes Backblech mit 1 El Olivenöl bestreichen. Den Teig auf das Blech legen und mit den Fingern gleichmäßig, ca. 2 cm dick, verteilen. Den Teig mit einem Tuch bedecken und an einem warmen Platz nochmals 30 min. gehen lassen. Den Herd während dieser Zeit vorheizen, E 200°, Gas Stufe 6.

2. ▲ Während der Teig aufgeht, in einer mittelgroßen Bratpfanne 3 El Olivenöl erhitzen, die Zwiebeln hinzufügen und bei mittlerer Hitze anbraten, bis sie weich sind. Den Thymian einrühren.

3. ▲ Kurz vor dem Backen der Focaccia mit dem Fingern kleine Mulden in die Oberfläche des Teiges drücken. Mit dem restlichen Olivenöl bestreichen.

4. ▲ Die Zwiebeln gleichmäßig über den Teig verteilen. Leicht mit dem Meersalz bestreuen. 25 min. backen oder bis der Teig hellbraun ist. In Rechtecke oder Quadrate schneiden und als Beilage zu einem Essen reichen. Oder allein, warm oder in Raumtemperatur.

Focaccia mit Oliven

Focaccia con olive

Auf dieses Flachbrot werden vor dem Backen Hälften von entsteinten grünen Oliven gepreßt.

Zutaten
1 Rezept Basisteig, nochmals aufgegangen
3 El Olivenöl
10-12 grüne Oliven, entsteint, geschnitten längs in Hälften
grobes Meersalz
Für 6-8 Personen als Beilage

1. Nach dem Niederdrücken des Teiges nochmals 3-4 min. kneten. Ein Backblech mit 1 El Olivenöl bestreichen. Den Teig auf das Backblech legen und mit den Fingern gleichmäßig, ca. 2 cm dick, bis an den Rand verteilen. Den Teig mit einem Tuch bedecken und an einem warmen Platz nochmals 30 min. gehen lassen. Den Herd während dieser Zeit vorheizen, E 200°, Gas Stufe 6.

2. ▲ Kurz vor dem Backen mit den Fingern in die Oberfläche des Teiges kleine Mulden drücken. Mit dem restlichen Olivenöl bestreichen.

3. ▲ Die Olivenhälften gleichmäßig über den Teig verteilen und mit Meersalz bestreuen. 25 min. backen oder bis der Teig hellbraun ist. In Rechtecke oder Quadrate schneiden und als Beilage zu einem Essen reichen. Oder allein, warm oder in Raumtemperatur.

Foccacia mit Rosmarin

Focaccia con rosmarino

Eines der populärsten Flachbrote. Wenn möglich, nur frisches Rosmarin verwenden.

Zutaten
1 Rezept Basisteig, nochmals aufgegangen
3 El Olivenöl
2 mittelgroße Zweige frisches Rosmarin, grob von den Stielen entfernt
grobes Meersalz
Für 6-8 Personen als Beilage

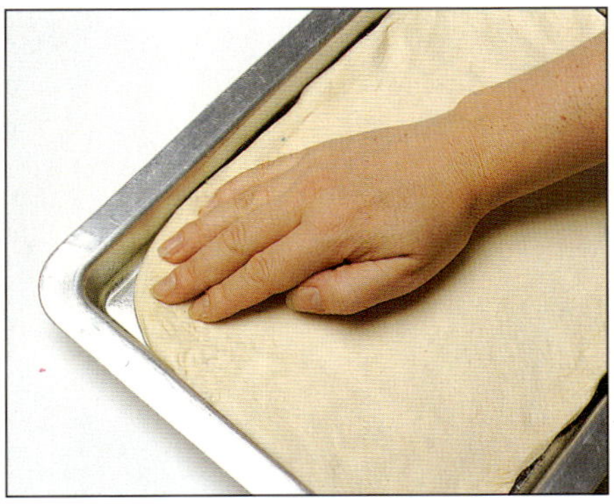

1. ▲ Nach dem Niederdrücken des Teiges nochmals 3-4 min. kneten. Ein großes Backblech mit 1 El Olivenöl bestreichen. Den Teig auf das Blech legen und mit den Fingern gleichmäßig, ca. 2 cm dick, bis an den Rand verteilen.

2. ▲ Mit den Rosmarinblättern bestreuen. Den Teig mit einem Küchenhandtuch bedecken und an einem warmen Platz nochmals gehen lassen. Den Herd während dieser Zeit vorheizen, E 220°, Gas Stufe 6.

3. ▲ Kurz vor dem Backen mit den Fingern kleine Mulden in die Oberfläche des Teiges drücken. Mit dem restlichen Olivenöl bestreichen und leicht mit Meersalz bestreuen. 25 min. backen oder bis der Teig hellbraun ist. In Rechtecke oder Quadrate schneiden und als Beilage zu einem Essen servieren. Oder allein, warm oder in Raumtemperatur.

Italienische Brotstangen

Grissini

Diese typisch italienischen Brotstangen sind besonders köstlich, wenn sie von Hand gemacht werden. In vielen Bäckereien in Turin und im Norden Italiens werden sie einzeln verkauft.

Zutaten
15 g frische Hefe oder
7 g Trockenhefe
100 ml Wasser, lauwarm
1 Prise Zucker
2 Tl Malzextrakt (nach Wahl)
1 Tl Salz
200-225 g Mehl
Für 30 Stangen

1. ▲ Eine mittelgroße Schüssel mit heißem Wasser ausspülen. Abtropfen lassen. Hefe hineingeben, lauwarmes Wasser darübergießen, den Zucker einrühren. Mit einer Gabel mischen. Danach stehen lassen, bis die Hefe sich aufgelöst hat und zu schäumen beginnt, ca. 5-10 min.

2. ▲ Mit einem Holzlöffel den Malzextrakt (wenn gewünscht), das Salz und ein Drittel des Mehls einrühren. Ein weiteres Drittel des Mehls einrühren. Rühren mit dem Holzlöffel, bis der Teig eine glatte Masse bildet und sich vom Schüsselrand zu lösen beginnt.

3. ▲ Etwas von dem restlichen Mehl auf die Arbeitsfläche streuen. Den ganzen Teig aus der Schüssel nehmen und zu kneten beginnen. Nach einer kurzen Zeit das restliche Mehl einarbeiten. 8-10 min. kneten. Am Ende sollte der Teig weich aber elastisch sein. Zu einem Laib formen.

4. ▲ Klumpen in Walnußgröße vom Teig abreißen. Leicht zwischen den Händen zu kleinen Würstchen drehen. An die Seite legen auf eine leicht bemehlte Fläche. Wiederholen, bis der Teig verbraucht ist. Es sollten etwa 30 Stück sein.

~ VARIATION ~

Grissini sind auch sehr gut, wenn sie vor dem Backen leicht in Mohn- oder Sesamkörnern gedreht werden.

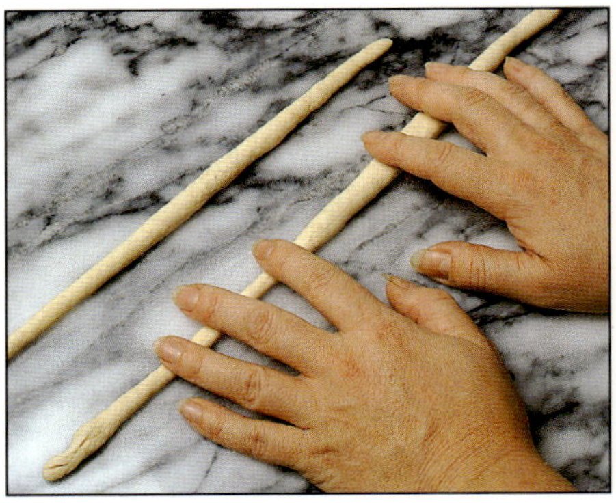

5. ▲ Auf eine saubere glatte Arbeitsfläche ohne Mehl ein Teigstück legen. Mit gespreizten Fingern beider Hände vor- und rückwärts rollen, dünn in die Länge auf ca. 1 cm Dicke. Auf ein sehr leicht gefettetes Backblech legen. Wiederholen, bis der restliche Teig aufgebraucht ist. Alle Grissini vorsichtig auf die gleiche Stärke ausrollen.

6. ▲ Den Herd vorheizen, E 200°, Gas Stufe 6. Das Blech mit einem Küchentuch bedecken und an einem warmen Platz, während der Herd vorgeheizt wird, 10-15 min. gehen lassen. 8-10 min. backen, aus dem Herd nehmen, die Stangen drehen, wieder in den Herd schieben. Nochmals ca. 6-7 min. backen. Nicht braun werden lassen! Abkühlen lassen. Die Grissini sollten beim Servieren knusprig sein. Verlieren sie die Knusprigkeit, nochmals vor dem Servieren im warmen Herd einige Minuten aufbacken.

Brot mit Weintrauben

Schiacciata con uva

Dieses Brot wird gebacken, um die Weinernte in Mittelitalien zu feiern. Kleine schwarze Trauben mit oder ohne Kerne verwenden. Ein guter Imbiß zum Wein.

Zutaten
750 g kleine schwarze Weintrauben
115 g Zucker
1 Rezept Basisteig, nochmals aufgegangen
2 El Olivenöl
Für 6-8 Personen

1. ▲ Die Trauben von den Stengeln befreien. Gut waschen, mit Papiertüchern abtrocknen. In eine Schüssel geben und mit Zucker bestreuen. Zur Seite stellen, bis sie benötigt werden.

2. ▲ Den Teig leicht kneten und dann in zwei Hälften teilen. Eine Teighälfte rund ausrollen oder pressen, ca. 1 cm dick. Auf ein leicht geöltes Backblech legen. Mit der Hälfte der gezuckerten Weintrauben belegen.

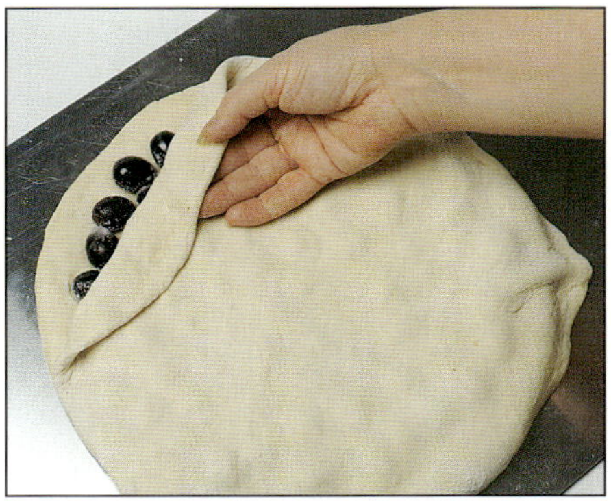

3. ▲ Die zweite Hälfte der Teiges ausrollen oder pressen auf die gleiche Größe wie die erste Hälfte. Auf die Oberfläche des belegten Teiges legen.

4. ▲ Rand zusammmen pressen. Die Oberfläche mit den restlichen Trauben belegen. Die Backform mit einem Küchentuch bedecken, an einem warmen Platz 30 min. gehen lassen. Den Herd vorheizen, E 190°, Gas Stufe 5. Brot mit Öl besprengen und 50-60 min. backen. Abkühlen lassen bevor es in Stücke geschnitten wird.

Tomaten-Basilikum-Torte

Torta di pomodoro e basilico

Diese Torte ist ähnlich einer Pizza, jedoch wird statt Hefeteig ein Mürbteig verwendet.

Zutaten
175 g Mehl
1 halber Tl Salz, etwas mehr zum Bestreuen
115 g Butter oder Margarine, gekühlt
45-75 ml kaltes Wasser
2 El Olivenöl, extra rein
Für die Füllung
175 g Mozzarella, so dünn wie möglich geschnitten
12 frische Basilikumblätter, zerpflückt
4-5 mittelgroße Tomaten, in 5 mm dünne Scheiben geschnitten
Salz und frisch gemahlenen schwarzen Pfeffer
4 El frisch geriebener Parmesan
Für 8 Personen

1. ▲ Den Teig herstellen. Das Mehl mit dem Salz in eine Schüssel geben. Die Butter oder Margarine in Stücken den trockenen Zutaten hinzufügen und so lange mischen, bis die Masse krümelig ist. 3 El Wasser dazugießen. Mit einer Gabel mischen bis der Teig zusammenhält. Ist er zu krümelig, mit noch zusätzlich etwas Wasser mischen.

2. Den Teig zu einem Ball formen, zu einer Scheibe abflachen. In Frischhaltefolie einschlagen, für 40 min. in den Kühlschrank stellen. Den Herd vorheizen E 190°, Gas Stufe 5.

3. Den Teig zwischen zwei Backpapieren ausrollen ca. 5 mm dick. Eine runde Backform mit dem Teig auslegen. Rund um den Rand abschneiden. Nochmal 20 min. in den Kühlschrank stellen. Den Teigboden einpaar mal mit einer Gabel einstechen.

4. ▲ Den Teig mit Backpapier auslegen und mit getrockneten Bohnen auffüllen. Die Form auf ein Backblech stellen und 15 min. backen. Aus dem Herd nehmen. Den Herd eingeschaltet lassen.

5. Bohnen und Papier entfernen. Den Teig mit Öl bestreichen. Mit Mozzarella belegen. Die Hälfte der Basilikumblätter auf der Oberfläche verteilen.

6. ▲ Die Tomatenscheiben gefällig über dem Käse arrangieren und mit den restlichen Basilikumblättern dekorieren. Bestreuen mit Salz, Pfeffer, Parmesan und Öl. 35 min. backen. Wenn der Käse während des Backens etwas Flüssigkeit ausscheidet, die Form neigen und auslöffeln, bevor der Teig weich wird. Heiß oder in Raumtemperatur servieren.

Kartoffelpizza

Pizza di patate

Diese „Pizza" wird mit Kartoffelbrei gemacht. Gefüllt mit Sardellen, Kapern und Tomaten ist sie eine Spezialität aus Puglia.

Zutaten
1 kg Kartoffeln, geputzt
100 ml Olivenöl, extra rein
Salz, frisch gemahlenen schwarzen Pfeffer
2 Zehen Knoblauch, fein gehackt
350 g Tomaten, gewürfelt
3 Sardellenfilets, gehackt
2 El Kapern, abgespült
Für 4 Personen

1. ▲ Die Kartoffeln in der Schale kochen, bis sie weich sind. Schälen und durch ein Sieb passieren. 3 El Olivenöl einrühren und würzen.

2. Weitere 3 El Olivenöl in einer Pfanne erhitzen. Knoblauch und gewürfelte Tomaten hinzufügen und bei größerer Hitze anbraten, bis die Tomaten weich sind und auszutrocknen beginnen, ca. 12-15 min. Den Herd vorheizen, E 200°, Gas Stufe 6.

3. ▲ Eine flache Backform einölen. Gleichmäßig die Hälfte des Kartoffelbreis in der Form verteilen. Bedecken mit den gewürfelten Tomaten und darauf die gehackten Sardellenfilets und Kapern

4. ▲ Den Rest des Kartoffelbreis gleichmäßig auf der Füllung verteilen. Oberfläche mit dem restlichen Öl bestreichen. Im vorgeheizten Herd 20-25 min. backen oder bis die Oberfläche goldbraun ist.

~ VARIATION ~

Für eine vegetarische Version dieses Gerichtes, die Sardellen weglassen. Einige entsteinte gehackte Oliven als Füllung schmecken gut.

Bruschetta mit Tomaten

Brusschetta con pomodoro

Bruschetta ist getoastetes oder gegrilltes Brot, eingerieben mit Knoblauch und besprengt mit Olivenöl oder frisch gehackten Tomaten. Es wird als Appetitanreger oder Beilage gegessen.

Zutaten
3-4 mittelgroße Tomaten, gehackt
Salz, frisch gemahlenen schwarzen Pfeffer
einige frische Basilikumblätter, zerpflückt
8 Scheiben Weißbrot, krustig
2-3 Zehen Knoblauch, geschält, halbiert
6 El Olivenöl, extra rein

1. Die gewürfelten Tomaten mit ihrem Saft in eine Schüssel geben. Würzen mit Salz und Pfeffer. Die zerpflückten Basilikumblätter einrühren. 10 min. stehen lassen.

2. ▲ Das Brot toasten bis es auf beiden Seiten knusprig ist. Jedes Stück Brot auf einer Seite mit Knoblauch einreiben.

3. ▲ Auf einer Platte arrangieren. Mit Olivenöl besprengen. Die Tomaten darüber verteilen. Sofort servieren.

FISCH UND MEERESFRÜCHTE

Knoblauch, Kräuter und Oliven verleihen den Süß- und Salzwasserfischen das typisch südländische Aroma und wecken Erinnerungen an Sonne und Meer.

Muscheltopf

Zuppa di cozze e vongole

Gemischte Muscheltöpfe sind besonders an der Ligurischen Küste beliebt.

Zutaten
750 g frische Miesmuscheln in der Schale
750 g frische Venusmuscheln in der Schale
6 El Olivenöl
3 Zehen Knoblauch, zerdrückt
300 ml trockenen Weißwein
6 El frisch gehackte Petersilie
frisch gemahlenen schwarzen Pfeffer
getoastetes Weißbrot zum Servieren
Für 4 Personen

1. Den „Bart" von den Miesmuscheln abschneiden, diese und Venusmuscheln unter kaltem Wasser bürsten, gut waschen.

2. Öl in einem Topf erhitzen, Knoblauch darin goldgelb braten. Die Muscheln dazugeben und den Wein zugießen. Topf zudecken und alles dünsten bis sich die Muschelschalen öffnen. Das dauert etwa 5-8 min. Geschlossene Muscheln entfernen.

3. Muscheln herausnehmen, Soße, die sich in den Schalen befindet, in den Topf zurückgeben.

4. ▲ Die Flüssigkeit im Soßentopf durch einen Filter gießen und über die Muscheln laufen lassen. Mit Petersilie und schwarzem Pfeffer bestreuen.

5. ▲ Zum Servieren das getoastete Brot in Teller legen Muscheln und Soße darauf verteilen.

Gegrillte Garnelen mit Kräutern

Gamberi con erbe aromatiche

Eingelegte Garnelen, überm offenen Feuer gegrillt, sind ein ganz besonderer Leckerbissen.

Zutaten
24 große rohe Garnelen in der Schale
3 Zehen Knoblauch, fein gehackt
3 El frische Basilikumblätter, gehackt
3 El Petersilie, gehackt
1 El Thymianblätter, gehackt
1 El grob gestoßenen schwarzen Pfeffer
Saft 1 Zitrone
6 El Olivenöl
8 Lorbeerblätter
50 g rohen Schinken in 8 kleine Quadrate geschnitten
Für 4 Personen

1. Garnelen schälen und die dunkle Vene an der Rückseite mit einem scharfen Messer entfernen.

2. ▲ Öl, Zitronensaft, gehackte Kräuter und Gewürze vermischen. Garnelen darin einlegen, Schüssel zudecken und 6 Stunden im Kühlschrank stehen lassen. Wenn möglich die Garnelen hin und wieder drehen.

3. ▲ Grillfeuer anmachen. Auf einen Holzstab 6 Garnelen stecken, jeweils nach der 2. ein Lorbeerblatt und eine Speckscheibe dazwischen schieben. Genauso mit den anderen 3 Holzstäben verfahren. Die Garnelen sollten auf dem Rost flach liegen können. Mit der restlichen Marinade bepinseln und auf den Rost legen. Von beiden Seiten 3-4 min. grillen.

Gebackene Miesmuscheln mit Kartoffeln *Cozze in tortiera con patate*

Eine italienische Version unseres Kartoffelgratins.

Zutaten
750 g große Miesmuscheln in der Schale
225 g Kartoffeln, ungeschält
7 El Olivenöl
2 Zehen Knoblauch, fein gehackt
8 Blätter frisches Basilikum, grob geschnitten
225 g Tomaten, in Scheiben
3 El Semmelbrösel
frisch gemahlenen schwarzen Pfeffer
Für 2-3 Personen

1. ▲ Den „Bart" der Miesmuscheln abschneiden. Unter fließendem kalten Wasser, Muscheln gut waschen und abbürsten. Mit einer Tasse Wasser in einen Topf setzen und bei mittlerer Hitze einige Minuten kochen lassen. Sowie die Schalen aufgehen, herausnehmen. Geschlossene Muscheln entfernen. Die leere Hälfte der Schale entfernen. Die Flüssigkeit im Topf durch einen Filter laufen lassen und aufbewahren.

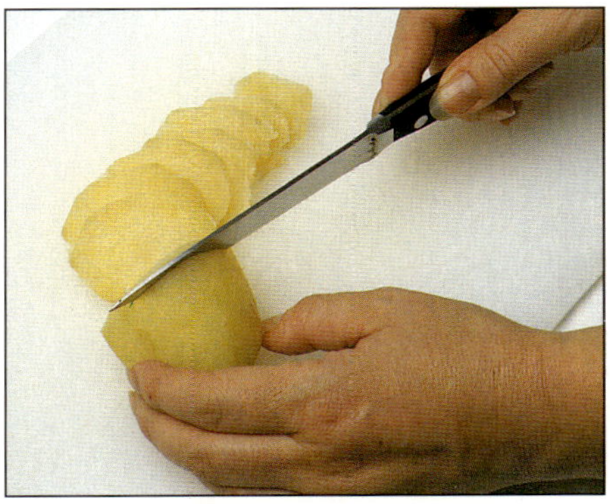

2. ▲ Kartoffeln abkochen. Sie sollten noch bißfest sein. Schälen und in dünne Scheiben schneiden.

3. ▲ Den Backofen auf 180°, Gas Stufe 4 vorheizen. 3 El von dem Öl auf den Boden einer flachen Auflaufform geben. Mit einer Lage Kartoffelscheiben bedecken. Leicht mit Salz bestreuen. Muscheln darauf verteilen. Mit Knoblauch und Basilikum bestreuen.

4. ▲ Mit einer Lage Tomatenscheiben bedecken. Mit Semmelbrösel, Salz und schwarzem Pfeffer bestreuen. Das gefilterte Muschelwasser und das restliche Öl darüberträufeln und 20 min. backen, bis die Oberfläche goldbraun ist. Direkt aus dem Ofen servieren.

Garnelen in Tomatensoße

Gamberi alla marinara

Die Tomatensoße kann mit Chilis schärfer gemacht werden.

Zutaten
9 El Olivenöl
1 mittelgroße Zwiebel, fein gehackt
1 Stange Staudensellerie, fein gehackt
1 kleiner roter Paprika, ohne Kerne, gehackt
100 ml Rotwein
1 El Weinessig
400 g Tomaten aus der Dose mit Saft, gehackt
Salz, frisch gemahlenen schwarzen Pfeffer
1 kg frische Garnelen in der Schale
2-3 Zehen Knoblauch, fein gehackt
4 El frische Petersilie, fein gehackt
1 Stück getrocknete rote Chilischote, sehr fein gehackt
Für 6 Pesrsonen

1. Die Hälfte des Öls in einem Topf erhitzen. Zwiebel darin weich schmoren. Sellerie und Paprika einrühren und weitere 5 min. schmoren. Hitze reduzieren Wein, Essig und Tomaten zugeben. Mit Salz und Pfeffer würzen und 5 min. kochen lassen.

2. ▲ Hitze wieder reduzieren, Topf zudecken und alles ca. 30 min. dünsten, bis das Gemüse weich ist. Soße in einem Mixer pürieren oder durchpassieren.

3. Garnelen schälen und mit einem scharfen Messer die dunkle Vene an der Rückseite entfernen.

4. ▲ In einem anderen Topf das restliche Öl erhitzen. Knoblauch, Petersilie und Chili zugeben und leicht anbraten, bis der Knoblauch goldgelb ist. Aufpassen, daß er nicht braun wird. Tomatensoße dazugeben kurz aufkochen lassen und eventuell nachwürzen.

5. ▲ Garnelen zur Tomatensoße geben, kurz mitkochen, dann die Hitze reduzieren und alles ca. 6-8 min. köcheln lassen bis die Garnelen rosa sind. Vom Feuer nehmen und servieren.

Gegrillte Sardinen

Sarde alla griglia

Frische Sardinen vom Grill, mit Zitrone serviert, schmecken ganz ausgezeichnet und haben keine Ähnlichkeit mit Dosensardinen in Öl.

Zutaten
1 kg frische Sardinen, ausgenommen, ohne Kopf
Öl zum Bepinseln
Salz und frisch gemahlenen schwarzen Pfeffer
3 El frische Petersilie, gehackt
Zitronenscheiben
Für 4-6 Personen

1. Grill vorheizen. Sardinen gut waschen und trocken tupfen.

2. ▲ Mit Öl bepinseln und leicht mit Salz und Pfeffer bestreuen. Sardinen unter den Grill oder auf den Rost legen und 3-4 min. braten.

3. ▲ Umdrehen und weitere 4 min. von der anderen Seite rösten. Wenn sich die Haut bräunt, sind die Fische gar. Sofort mit Petersilie bestreuen, mit Zitronenscheiben garnieren und servieren.

Gebackener Seebarsch mit Kräutern

Branzino aromatizzato al forno

Der Barsch hat ein festes, weißes Fleisch, das einfach zuzubereiten ist. Wenn möglich, frische Kräuter verwenden.

Zutaten
1 großer Barsch, ca. 1,5 kg
4 Lorbeerblätter
einige, frische Thymianzweige
8-10 Stengel Petersilie
einige Basilikumblätter, Fenchelgrün
1 El Pfefferkörner
135 ml extra-vergine Olivenöl
Salz, frisch gemahlenen schwarzen Pfeffer
Mehl zum Drehen
Zitronenscheiben zum Garnieren
Für 5-6 Personen

1. Fisch ausnehmen, Kopf dran lassen, gut waschen. Mit Küchenpapier trocken tupfen. Die Hälfte der Kräuter und Pfefferkörner auf eine Platte legen und den Fisch darauf. Einen Teil der Kräuter in die Bauchhöhle geben und den Rest auf dem Fisch verteilen, Mit 3 El des Öls beträufeln mit Folie abdecken und alles 2 Stunden in den Kühlschrank stellen.

2. ▲ Den Backofen auf E 210°, Gas Stufe 6 vorheizen. Alle Kräuter von dem Fisch entfernen und diesen mit Küchenpapier trocken tupfen. Etwas Mehl mit Salz und Pfeffer würzen und den Fisch darin drehen.

3. ▲ Das restliche Öl in einer großen, feuerfesten Form erhitzen. Den Fisch dazugeben und kurz von allen Seiten braun braten. Danach im Backofen 25-40 min. backen. (Hängt von der Größe des Fisches ab) Der Fisch ist gar, wenn sich die Rückenflosse leicht heraus ziehen läßt. Mit Zitronenscheiben garniert servieren.

Gefüllte Kalmare

Calamari ripieni

Kalmare sind an allen Küsten Italiens beliebt. Sie sind sehr einfach zuzubereiten.

Zutaten
900 g frische Kalmare (ca. 16 Stück)
Saft einer halben Zitrone
2 Sardellenfilets, gehackt
2 Zehen Knoblauch, fein gehackt
3 mittelgroße Tomaten, geschält, entkernt und fein gehackt
2 El frische Petersilie, gehackt
50 g Semmelbrösel
1 Ei
Salz, frisch gemahlenen schwarzen Pfeffer
3 El Olivenöl
100 ml trockenen Weißwein
Petersilienzweige zum Garnieren
Für 6 Personen

1. Die dünne Haut vom Körper der Kalmare schälen. Gut waschen. Kopf und Tentakel aus dem Körper ziehen. Ein Großteil der Eingeweide wird mit dem Kopf herausgehen. Den Rest sorgfältig aus dem Inneren des Körpersacks schaben. Tentakel abschneiden, Kopf und Innereien wegwerfen.

2. Den harten, kleinen Schnabel von der Unterseite der Tentakel entfernen und diese in eine Schüssel mit Zitronenwasser legen. Den Körpersack gut waschen und von innen und außen mit Küchenkrepp trocken tupfen.

3. ▲ Backofen vorheizen. E 180°, Gas Stufe 4. Tentakel abtropfen lassen, grob hacken und in eine Schüssel geben. Die nächsten 6 Zutaten dazugeben, würzen und zusammenrühren. Die Kalmaresäcke damit füllen und mit einem Zahnstocher verschließen.

4. ▲ Die Hälfte des Öls in eine flache Auflaufform geben, auspinseln. Kalmare hineinlegen, mit dem Wein und dem restlichen Öl begießen. Unbedeckt 35-45 min. backen bis die Kalmare zart sind. Zahnstocher entfernen und mit Petersilie garnieren. Heiß servieren.

~ **KOCH-TIP** ~

Die Kalmare nicht zu arg füllen, da sie sonst beim Backen platzen können.

Frittierte Garnelen und Tintenfische

Fritto misto

In Italien werden fast alle Meeresfrüchte dazu verwendet.

Zutaten
Öl zum Frittieren
600 g mittelgroße frische Garnelen, geschält, ohne Vene
600 g (ca. 12 Stück) Tintenfisch, gewaschen und in Stücke geschnitten
115 g Mehl
Zitronenscheiben zum Garnieren
Für die Panade
2 Eiweiß
3 El Olivenöl
1 El Weißweinessig
100 g Mehl
1 Tl Backpulver
75 g Mehl
Salz und frisch gemahlenen schwarzen Pfeffer
Für 6 Personen

1. Eiweiß, Olivenöl und Essig in eine Schüssel geben. Mit dem Schneebesen schlagen. Die trockenen Zutaten untermischen und schlagen, bis sich alles gut verbunden hat. Danach das Wasser zugießen und unterschlagen. Schüssel zudecken und 15 min. ruhen lassen.

2. Das Öl zum Frittieren erhitzen. E 180°. Ein Brotstück sollte beim Hineingeben bruzzeln.

3. Die Garnelen und Tintenfische in Mehl wenden, alles überflüssige abschütteln. In den Teig tauchen und ca. 1 min. frittieren. Nicht zuviel nehmen, daß sie nicht zusammen kleben können.

4. ▲ Heraus nehmen und auf Küchenpapier abtropfen lassen. Leicht mit Salz bestreuen, mit Zitronenscheiben garnieren und heiß servieren.

Fischsuppe

Zuppa di pesce

Fischsuppen oder Eintöpfe sind eine Spezialität des ganzen Mittelmeerraumes.

Zutaten
4 El Olivenöl
1 mitelgroße Zwiebel, in Scheiben geschnitten
1 Karotte, geschnitten
1/2 Stange Staudensellerie, geschnitten
2 Zehen Knoblauch, gehackt
400 g Tomaten aus der Dose mit Saft
225 g frische Garnelen, geschält, ohne Vene
450 g Weißfischknochen bzw. Gräten und Fischköpfe
1 Lorbeerblatt
1 Zweig frischen Thymian
einige Pfefferkörner
Salz, frisch gemahlenen schwarzen Pfeffer
750 g frische Miesmuscheln in der Schale, gewaschen und abgebürstet
500 g kleine Venusmuscheln, gebürstet und gewaschen
250 ml Weißwein
1 kg gemischte Fischfilets (Kabeljau, Mönchsfisch, Meerbarbe usw.)
3 El frisch gehackte Petersilie
Weißbrotscheiben, getoastet
Für 6-8 Personen

1. ▲ Das Öl in einem Topf erhitzen und die Zwiebel darin weichdünsten. Karotte und Sellerie zugeben, weitere 5 min. schmoren. Knoblauch, Tomaten mit Saft und 250 ml Wasser einrühren und bei mittlerer Hitze 15 min. kochen, bis das Gemüse weich ist. Pürieren und beiseite stellen.

2. ▲ Garnelenschalen mitsamt Fischbeinen und -köpfen, 700 ml Wasser, Kräutern und Pfefferkörnern kurz aufkochen. Hitze reduzieren und alles 25 min. leise köchelnd ziehen lassen. Den Schaum dabei immer wieder abschöpfen. Wasser durchseihen und mit dem Tomatenpüree in einen großen Topf geben. Abschmecken.

3. Mies- und Venusmuscheln mit dem Wein in einen Topf geben. Zudecken und dünsten bis sich die Schalen öffnen. (Geschlossene Muscheln wegwerfen)

4. Muscheln herausnehmen und beiseite stellen. Das Kochwasser durch ein Filterpapier laufen lassen und zu der Tomatensoße geben.

5. ▲ Alles aufkochen, den Fisch dazugeben und 5 min. kochen. Die Garnelen einrühren und 3-4 min. kochen. Mies- und Venusmuscheln zugeben und weitere 2-3 min. kochen. Abschmecken. Alles in eine vorgewärmte Suppenschüssel geben, mit Petersilie bestreuen und mit dem getoasteten Weißbrot servieren.

Gebackene Forellen mit Oliven

Trota in cartoccio con olive

In Papier gebackener Fisch behält sein Aroma bestens.

Zutaten
4 mittelgroße Forellen (je ca. 275 g) ausgenommen
6 El Olivenöl
4 Lorbeerblätter
Salz, frisch gemahlenen schwarzen Pfeffer
4 Scheiben Pancetta
4 El gehackte Schalotten
4 El gehackte, frische Petersilie
100 ml trockenen Weißwein
24 grüne Oliven, entsteint
Für 4 Personen

1. ▲ Den Backofen auf E 200°, Gas Stufe 6 vorheizen. Die Forellen gut unter fließendem, kaltem Wasser waschen und trocken tupfen.

2. ▲ 4 Stücke Backpapier, groß genug um je einen Fisch zu umhüllen, leicht mit Öl bepinseln. Jeweils einen Fisch darauflegen. Die Innenseite des Fisches salzen und pfeffern und ein Lorbeerblatt hineinlegen.

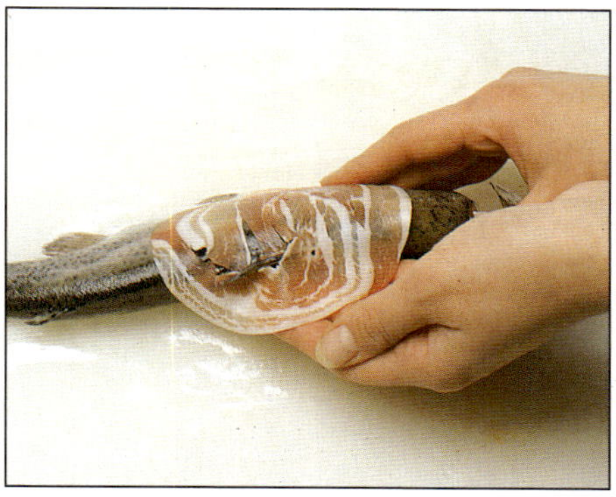

3. ▲ Eine Scheibe Pancetta um jeden Fisch wickeln. 1 El Schalotten und 1 El Petersilie darüberstreuen. 6 Oliven dazu geben und jeden Fisch mit 1 ElL Öl und 2 El Weißwein beträufeln.

4. ▲ Das Papier um den Fisch wickeln und die Enden zusammen drehen (eventuell binden). 20-25 min. backen. Jedes Paket auf einen Teller legen und am Tisch öffnen.

Gegrillte Lachssteaks mit Fenchel

Salmone alla griglia

Fenchel wächst in Süditalien wild. Sein leichtes Anisaroma paßt hervorragend zu Fisch.

Zutaten
Saft einer Zitrone
45 g frisches Fenchelgrün, gehackt
1 Tl Fenchelkörner
4 El Olivenöl
4 Lachssteaks (zusammen ca. 700 g)
Salz und frisch gemahlenen schwarzen Pfeffer
Zitronenscheiben zum Garnieren
Für 4 Personen

1. Zitronensaft, gehackten Fenchel, Fenchelkörner und Olivenöl zusammenrühren. Lachssteaks salzen und pfeffern und in die Marinade legen. Wenden, Schüssel zudecken und 2 Stunden im Kühlschrank ziehen lassen.

2. ▲ Grill vorheizen. Lachssteaks auf den Rost legen und mit 10 cm Abstand vom Grill 3-4 min. rösten.

3. ▲ Steaks wenden. Mit der restlichen Marinade bepinseln und wieder ca. 3-4 min. grillen. Wenn die Ränder bräunen, ist der Fisch gar. Heiß, mit

Oktopus mit Zitrone und Knoblauch

Polpo con limone e aglio

Oktopus wird in Italien sehr geschätzt. Mit Zitrone, Öl und Knoblauch ist er eine Delikatesse.

Zutaten
1 kg Oktopus (kleine, junge, wenn möglich)
2 El Kapern, abgetropft
2 Zehen Knoblauch, fein gehackt
6 El extra-vergine Olivenöl
4 El frischen Zitronensaft
frisch gemahlenen schwarzen Pfeffer
Für 3-4 Personen

1. Den Oktopus schnell gegen ein Tischbein oder sonst ein hartes Möbelstück schlagen. Säubern, Augen, Schnabel und Beutel entfernen (oder im Fischgeschäft richten lassen). Gut unter fließendem kalten Wasser waschen.

2. Den Oktopus in einen großen Topf voll Wasser legen. Zudecken und alles zum Kochen bringen. Ca. 45 min. köcheln lassen, wenn es kleine, junge sind und bis zu 2 Std. bei älteren Exemplaren. Abschäumen.

3. ▲ Aus demTopf nehmen und etwas auskühlen lassen. Mit einem feuchten Tuch den Oktopus abreiben und die dunkle Haut entfernen. In Stücke schneiden.

~ KOCH-TIP ~

In Italien wird ein Weinkorken mitgekocht, das soll die Schaumbildung vermindern.

4. ▲ Die Oktopusstücke in eine Schüssel geben. Mit Petersilie bestreuen, Knoblauch, Öl und Zitronensaft zugeben. Mit Pfeffer bestreuen und alles gut mischen. 20 min. durchziehen und bei Raumtemperatur servieren.

Gebackener Kabeljau

Merluzzo al forno

Da der Kabeljau in Italien nicht heimisch ist, werden dort andere Dorscharten verwendet.

Zutaten
4 Sardellenfilets
3 El frisch gehackte Petersilie
frisch gemahlenen schwarzen Pfeffer
9 El Olivenöl
4 Kabeljaufilets (je 200 g) ohne Haut
40 g Semmelbrösel
Für die Marinade
2 Zehen Knoblauch, feingehackt
1 Eigelb
1 Tl scharfen Senf
175 ml Pflanzenöl
Salz und frisch gemahlenen schwarzen Pfeffer
Für 4 Personen

1. Den Knoblauch mit einer Gabel in einer kleinen Schüssel zerdrücken. Das Eigelb dazugeben und den Senf unterrühren. Das Öl in einem dünnen Strahl einlaufen lassen, dabei mit einem Schneebesen ständig rühren. Wenn die Mayonnaise dick und cremig ist, mit Salz und Pfeffer würzen. Schüssel zudecken und kühl stellen.

2. ▲ Den Backofen auf E 200°, Gas Stufe 6 vorheizen. Sardellenfilets fein hacken und mit der Petersilie mischen. In eine kleine Schüssel geben, pfeffern, und mit 4 El des Olivenöls zu einer Paste verrühren.

3. ▲ Die Kabeljaufilets in eine, mit Öl ausgepinselte, feuerfeste Form geben. Die Sardellenpaste darüberstreichen, mit Semmelbrösel bestreuen und dem restlichen Öl beträufeln. 20-25 min. backen, bis die Brösel goldbraun sind. Heiß servieren, Knoblauchmayonnaise gesondert reichen.

Seeteufelfilet mit Thymian

Pescatrice con timo

Der Mönchsfisch hat ein festes, weißes Fleisch mit leicht süßlichem Aroma.

Zutaten
600 g Seeteufelfilet am besten aus einem Stück
4 El Olivenöl, extra-vergine
75 g kleine schwarze Oliven, entsteint
2 kleine Tomaten, geschält und entkernt
1 Zweig frischen Thymian, oder
1 Tl getrocknete Thymianblätter
Salz und frisch gemahlenen schwarzen Pfeffer
1 El frische Petersilie, fein gehackt
Für 4 Personen

1. Den Backofen auf E 200°, Gas Stufe 6 vorheizen. Das Fischfilet in 1 cm dicke Stücke schneiden.

2. In einer beschichteten Pfanne die Fischstücke von beiden Seiten schnell und heiß - ohne Öl - anbraten. Beiseitestellen

3. ▲ Mit 2 El Olivenöl eine flache Auflaufform auspinseln; Fischstücke hineinlegen. Oliven und Tomatenstücke darauf verteil

4. Den Fisch mit Thymian, Salz und Pfeffer bestreuen, das restliche Öl darüberträufeln. 10-12 min. backen.

5. ▲ Fischstücke und Gemüse auf vorgewärmten Tellern anrichten. Mit gehackter Petersilie bestreut, servieren.

Schwertfischrouladen

Involtini di pesce spada

Schwertfisch gibt es um Sizilien herum jede Menge und er ist Bestandteil vieler Fischgerichte.

Zutaten
4 Scheiben Schwertfisch, ca. 1 cm dick
6 El Olivenöl
1 Zehe Knoblauch, fein gehackt
50 g Semmelbrösel
2 El Kapern, gehackt
10 Blätter Basilikum, gehackt
4 El Zitronensaft
Salz, frisch gemahlenen schwarzen Pfeffer
Für die Tomatensoße
3 El Olivenöl
1 Zehe Knoblauch, geschält und zerdrückt
1 kleine Zwiebel, fein gehackt
450 g Tomaten, geschält
100 ml trockenen Weißwein
Salz und frisch gemahlenen schwarzen Pfeffer
Für 4 Personen

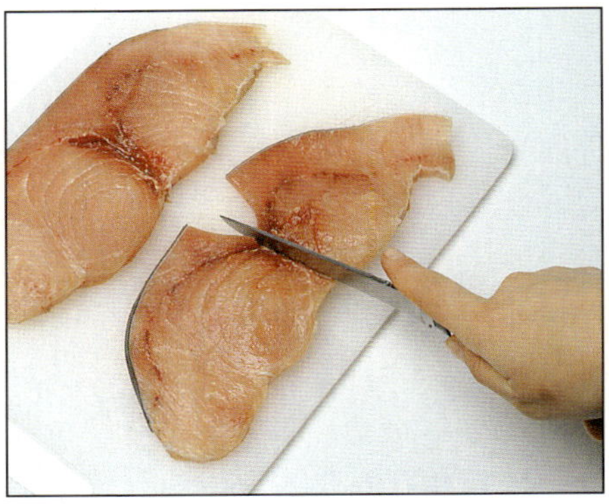

1. ▲ Die Schwertfischscheiben halbieren, Rückenknochen entfernen und mit 2 El des Öls bepinseln. Bis zum Gebrauch kaltstellen.

2. Das Öl für die Tomatensoße in einem Topf erhitzen. Knoblauch darin goldgelb braten. Diesen wieder herausnehmen und in dem selben Öl die Zwiebel weichschmoren. Tomaten und Wein zugeben und mit Salz und Pfeffer würzen. Topf zudecken und bei mittlerer Hitze alles dünsten. Die Soße durchpassieren und warmstellen.

3. In einer kleinen Schüssel 2 El Öl, Knoblauch, Semmelbrösel, Kapern, Basilikum und Zitronensaft zu einer Paste vermischen. Salzen und pfeffern.

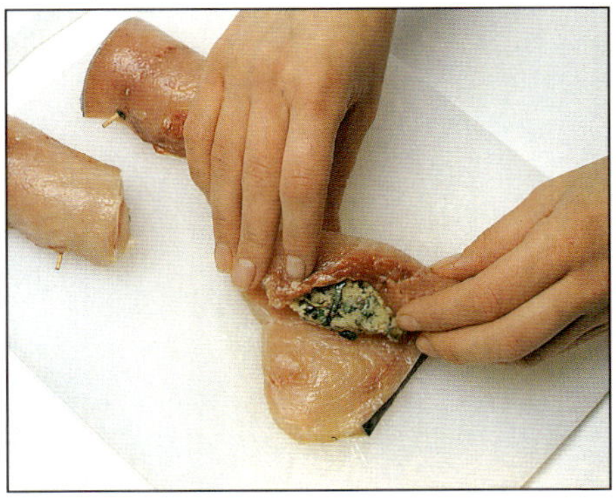

4. ▲ Die Paste gleichmäßig verteilt auf die Fischscheiben geben. Scheiben zusammenrollen und mit Holzzahnstochern feststecken. Backofen auf E 200°, Gas Stufe 6 vorheizen.

5. ▲ Das restliche Öl in einer feuerfesten Form erhitzen. Schwertfischrouladen darin von allen Seiten kurz anbraten. Nach 3-4 min. Tomatensoße darübergießen und 15 min. backen. Warm servieren.

Rotbarbe mit Tomaten

Triglie con pomodoro

Dieses Rezept bringt Farbe und Geschmack der Rotbarbe gut zur Geltung.

Zutaten
4 große Rotbarben (je 175-200 g)
450 g Tomaten, geschält
6 El Olivenöl
4 El frische Petersilie, fein gehackt
2 Zehen Knoblauch, fein gehackt
Salz und frisch gemahlenen schwarzen Pfeffer
100 ml Weißwein
4 dünne Zitronenscheiben, halbiert
Für 4 Personen

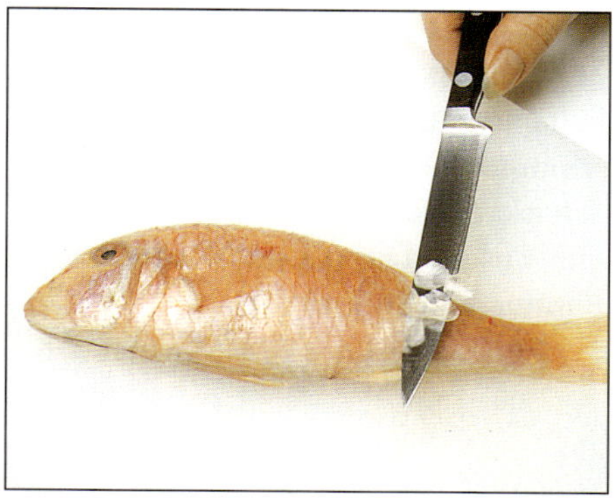

1. ▲ Den Fisch schuppen und ausnehmen. Gut waschen und trocken tupfen.

2. ▲ Tomaten hacken. Das Öl in einer großen Pfanne erhitzen, Petersilie und Knoblauch darin 1 min. anbraten. Tomaten zugeben und bei mäßiger Hitze 15-20 min. köcheln lassen. Mit Salz und Pfeffer würzen.

3. ▲ Fisch dazulegen und 5 min. mitkochen lassen. Wein und Zitronenscheiben zu den Fischen geben. Soße wieder zum Kochen bringen und 5 min. bei dieser Temperatur lassen. Fische wenden und weitere 4-5 min. kochen. Fische herausnehmen und auf einer Servierplatte warmstellen.

4. ▲ Soße noch ein paar Minuten etwas einkochen lassen und zum Servieren über die Fische gießen.

~ VARIATION ~
Dieses Rezept schmeckt auch mit einem Barsch.

Seezunge in süßsaurer Soße

Sfogi in saor

Dieses venezianische Gericht, sollte 1-2 Tage vor dem Essen zubereitet werden.

Zutaten
3-4 Seezungenfilets (ca. 500 g) halbiert
4 El Mehl
Salz, frisch gemahlenen schwarzen Pfeffer
1 Prise Nelkenpulver
10 El Olivenöl
35 g Pinienkerne
3 Lorbeerblätter
1 Prise Zimt
1 Prise Muskatnuß
4 Gewürznelken
1 kleine Zwiebel, feingeschnitten
50 ml trockenen Weißwein
50 ml Weißweinessig
50 g Sultaninen
Für 4 Personen

1. Die Filets in Mehl drehen, mit Salz, Pfeffer und Nelkenpulver würzen.

2. 3 El des Öls in einer Pfanne erhitzen und die Seezungenfilets ca. 3 min. von jeder Seite darin goldgelb braten.

3. ▲ Filets herausnehmen und in einen flachen Teller legen. Mit Pinienkernen bestreuen und mit Lorbeerblättern, Nelken, Zimt und Muskat würzen.

4. ▲ Das restliche Öl in einem Topf heiß werden lassen. Zwiebel darin goldgelb schmoren. Wein, Essig und Sultaninen zugeben und 4-5 min. mitschmoren. Alles über den Fisch gießen. Servierschüssel zudecken und 24-48 Std. kühl stellen. Dieses Gericht wird bei Raumtemperatur serviert.

Stockfisch mit Petersilie und Knoblauch

Baccalia alla bolognese

Stockfisch ist gepökelter und getrockneter Kabeljau. Er wurde einst von den Schweden übernommen und ist in Italien sehr beliebt.

Zutaten
750 g gräten- und hautloser Stockfisch in einem Stück
Mehl mit Pfeffer gewürzt, zum Drehen
2 El extra-vergine Olivenöl
3 El frische Petersilie, gehackt
2 Zehen Knoblauch, feingehackt
25 g Butter, in kleine Stücken
Zitronenscheiben zum Servieren
Für 4 -5 Personen

1. Den Stockfisch in ca. 5 cm^2 große Ecken schneiden. In eine Schüssel geben und mit kaltem Wasser bedeckt 24 Stunden stehen lassen. Wasser häufig wechseln.

2. ▲ Den Backofen auf E 190°, Gas Stufe 5 vorheizen. Den Fisch aus dem Wasser nehmen, abtropfen lassen und in dem gewürzten Mehl wenden.

3. Den Boden einer großen, flachen Auflaufform mit 1 El des Öls auspinseln.

4. Die Fischteile in die Auflaufform geben. Gehackte Petersilie und Knoblauch darüberstreuen. Mit dem restlichen Öl beträufeln und die Butterstückchen darauf setzen. 15 min. backen. Dann den Fisch wenden und weitere 15-20 min. von der anderen Seite backen. Mit Zitronenscheiben garniert servieren.

FLEISCH, GEFLÜGEL UND WILD

Von der einfachen florentinischen Küche mit Hähnchenbrüstchen in Butter bis zu dem komplizierten, geschmackvollen Lammragout mit Tomaten und Knoblauch. Dieses Kapitel präsentiert die Höhepunkte der italienischen Küche.

Hähnchen mit Paprika

Pollo con peperoni

Dieses farbenfrohe Gericht kommt aus dem Süden Italiens, wo es frischen Paprika reichlich gibt.

Zutaten
1,5 kg Hähnchen, in Teile geschnitten
3 große Paprika, rot, gelb und grün
6 El Olivenöl
2 mittelgroße rote Zwiebeln, fein geschnitten
2 Zehen Knoblauch, fein gehackt
1 kleines Stück getrockneter Chili, zerkrümelt (wenn gewünscht)
100 ml Weißwein
Salz, frisch gemahlenen schwarzen Pfeffer
2 Tomaten, frisch oder aus der Dose, geschält und gehackt
3 El frische Petersilie, gehackt
Für 4 Personen

1. Fett abschneiden und überschüssige Haut entfernen. Die Paprika waschen. Stiel, Körner und Weißes entfernen. In Streifen schneiden.

2. ▲ Die Hälfte des Öls in einer reichlich großen Pfanne erhitzen. Zwiebeln hineingeben und bei mäßiger Hitze weich werden lassen. In eine Schüssel geben. Das restliche Öl in die Pfanne geben und die Hitze erhöhen. Das Fleisch hinzufügen, von allen Seiten bräunen, ca. 6-8 min. Zwiebeln, Knoblauch und Chili (wenn gewünscht) hinzugeben.

3. ▲ Den Wein dazugießen, bis zur Hälfte einkochen. Paprika hineingeben und umrühren. Dazu die Hähnchenstücke. Würzen. Nach 3-4 min. die Tomaten unterrühren. Hitze reduzieren, Pfanne zudecken und kochen bis die Paprika weich sind. Die Hähnchenteile sind in 25-30 min. fertig. Ab und zu umrühren. Petersilie unterheben und servieren.

Hähnchenbrüstchen in Butter gebraten

Petti di pollo alla fiorentina

Dieses einfach aber köstlich gebratene Hähnchen ist ein Leckerbissen.

Zutaten
4 kleine Hähnchenbrüstchen, enthäutet, ohne Knochen
Mehl, gewürzt mit Salz und frisch gemahlenem schwarzen Pfeffer, zum Wenden
75 g Butter
1 Zweig frische Petersilie, zum Garnieren
Für 4 Personen

1. Brüstchen in zwei Stücke teilen. Die größeren Teile leicht klopfen, bis sie in etwa eben mit den kleineren sind. Alle Stücke im gewürzten Mehl wenden. Überschüssiges Mehl abschütteln.

~ KOCH-TIP ~

Als Beilage schmeckt zu diesem Hähnchengericht feines Gemüse, das den Geschmack der Brüstchen nicht überdecken sollte.

2. ▲ Die Butter in einer reichlich großen Bratpfanne erhitzen bis sie Blasen wirft. Alle Hähnchenbrüstchen in die Pfanne legen. Wenn möglich, nebeneinander. Bei größerer Hitze 3-4 min. braten bis sie goldbraun sind.

3. ▲ Die Brüstchen umdrehen. Die Hitze etwas drosseln und ständig schmoren lassen bis die Teile durchgebraten sind und auf Druck nur leicht nachgeben. Fertig in ca. 9-12 min. Wenn die Stücke zu braun werden, in den letzten min. Deckel auflegen. Sofort servieren, mit Petersilie garnieren.

Brathähnchen mit Fenchel

Pollo con finocchio

In Italien wird dieses Gericht mit wildem Fenschel zubereitet. Kultivierter ist ebenso gut.

Zutaten
1,8 kg Brathähnchen
Salz, frisch gemahlenen schwarzen Pfeffer
1 Zwiebel. geviertelt
100 ml Olivenöl
2 mittelgroße Fenchelknollen
1 Zehe Knoblauch, geschält
1 Prise geriebene Muskatnuß
3-4 dünne Scheiben Räucher- oder Schinkenspeck
100 ml trockener Weißwein
Für 4-5 Personen

1. Den Herd vorheizen, E 180°, Gas Stufe 4. Das Hähnchen innen und außen unter fließendem kalten Wasser waschen. Innen und außen abtrocknen. Innen mit Salz und Pfeffer bestreuen und die geviertelte Zwiebel hineingeben. Das Hähnchen mit 3 El Olivenöl einreiben. In eine feuerfeste Form legen.

2. Die grünen Teile von den Fenchelknollen entfernen und mit dem Knoblauch klein hacken. In eine kleine Schüssel geben, mit Muskatnuß mischen, würzen mit Salz und Pfeffer.

3. ▲ Die Fenchelmixtur über das Hähnchen streuen und fest auf die geölte Haut pressen. Das Hähnchen mit den Speckscheiben bedecken und mit 2 El Olivenöl bestreichen. In den Ofen geben und 30 min. braten.

4. Inzwischen die Fenchelknollen kochen oder dämpfen bis sie fast gar sind. Vom Herd nehmen, der Länge nach in Viertel oder Sechstel schneiden. Nach 30 min. das Hähnchen aus dem Ofen nehmen, mit etwas Öl aus der Form beträufeln.

5. Die Fenchelteile um das Hähnchen legen. Den Fenchel mit dem restlichen Öl übergießen. Die Hälfte des Weines über das Hähnchen gießen. Die Form wieder in den Ofen stellen.

6. ▲ Nach nochmals 30 min. das Hähnchen beträufeln und den restlichen Wein hinzugeben. Wieder 15-20 min. garen. Test: Mit einer Gabel in den Schenkel stechen. Wenn der Saft klar rinnt, ist das Hähnchen fertig gebraten. Auf eine Servierplatte legen und den Fenchel rundum arrangieren.

Hähnchen mit Schinken und Käse

Petti di pollo alla bolognese

Dieses Rezept kommt aus der Emilia-Romagna, und wird auch mit Kalbfleisch zubereitet.

Zutaten
4 kleine Hähnchenbrüstchen, enthäutet, ohne Knochen
Mehl, gewürzt mit Salz und frisch gemahlenem schwarzen Pfeffer, zum Wenden
50 g Butter
3-4 frische Salbeiblätter
4 dünne Scheiben roher oder gekochter Schinken, in zwei Hälften geschnitten
50 g frisch geriebenen Parmesan
Für 4 Personen

1. Jedes Brüstchen der Länge nach in zwei etwa gleich dicke Stücke teilen. Brüstchen im gewürzten Mehl wenden. Überschüssiges Mehl abschütteln.

2. ▲ Den Grill vorheizen. Die Butter in einer reichlich großen Bratpfanne mit den Salbeikräutern erhitzen. Die Brüstchen nebeneinander hinzufügen und bei mäßiger Hitze braten, bis sie auf beiden Seiten goldbraun sind. Wenden wenn nötig. Dies dauert 15 min.

3. ▲ Brüstchen vom Herd nehmen und in eine feuerfeste Form oder Grillpfanne legen. Auf jedes Brüstchen ein Stück Räucher- oder Schinkenspeck geben, darüber den geriebenen Parmesan. 3-4 min. grillen, bis der Käse geschmolzen ist. Sofort servieren.

Putenspieße aus der Mittelmeerregion

Spiedini di tacchino

Diese Spieße sind leicht zusammenzustecken und schmecken auch vom Holzkohlengrill.

Zutaten
6 El Olivenöl
3 El frischer Zitronensaft
1 Zehe Knoblauch, fein gehackt
2 El frisches Basilikum, gehackt
Salz, frisch gemahlenen schwarzen Pfeffer
2 mittelgroße Zucchini
1 lange dünne Aubergine
300 g Putenfleisch, ohne Knochen, geschnitten in ca. 5 cm große Würfel
12-16 eingelegte Zwiebeln
1 Paprikaschote, rot oder gelb, geschnitten in etwa 5 cm große Vierecke
Für 4 Personen

1. ▲ In einer Schüssel das Öl mit dem Zitronensaft, Knoblauch und Basilikum mischen. Würzen mit Salz und Pfeffer.

2. ▲ Die Zucchini und Aubergine der Länge nach in 5 mm starke Scheiben schneiden. Die Länge zwei- bis dreimal durchschneiden. Eine Hälfte der Putenstücke mit Zucchinischeiben, die andere Hälfte mit Auberginenscheiben umwickeln. Die kurzen Stücke weglassen.

3. ▲ Auf die Spieße abwechselnd die umwickelten Putenfleischwürfel, Zwiebeln und Paprikastücke stecken. Auf eine Platte legen und mit dem gewürzten Öl bestreichen. Die Marinade 30 min. einwirken lassen. Den Grill oder Holzkohlengrill vorheizen.

4. ▲ Ca. 10 min. grillen oder solange, bis das Gemüse zart ist. Die Spieße ab und zu drehen. Heiß servieren.

Putenschnitzel mit Oliven

Petto di tacchino con olive

Dies ist ein schnelles, leckeres und leichtes Hauptgericht.

Zutaten
6 El Olivenöl
1 Zehe Knoblauch, geschält, zerdrückt
1 getrocknetes Chili, leicht zerdrückt
500 g Putenbrust, ohne Knochen, geschnittten in 5 mm breite Scheiben
Salz, frisch gemahlenen schwarzen Pfeffer
100 ml trockenen Weißwein
4 Tomaten, geschält, entkernt und in dünne Streifen geschnitten
24 schwarze Oliven
6-8 frische Basilikumblätter,
Für 4 Personen

1. ▲ In einer großen Bratpfanne 4 El Öl erhitzen. Knoblauch und getrocknetes Chili hinzufügen. Braten bei mäßiger Hitze, bis der Knoblauch golden ist.

2. ▲ Hitze erhöhen. Die Putenschnitzel in die Pfanne legen und auf beiden Seiten leicht bräunen. Würzen mit Salz und Pfeffer. Die Stücke sind fertig nach 2 min. Die Schnitzel in eine heiße Schüssel geben.

3. ▲ Knoblauchzehe und Chili entfernen. Den Wein, die Tomatenstreifen und Oliven hinzufügen. Fleischreste vom Boden der Pfanne ablösen. Kochen bei mäßiger Hitze 3-4 min.

4. ▲ Die Putenschnitzel wieder in die Pfanne legen. Bestreuen mit Basilikum. Für 30 sek. heiß halten, dann servieren.

Gefüllte Putenbrust mit Zitrone

Petto di tacchino ripieno

Gefüllte Putenbrust ist ein feines, beeindruckendes, aber auch sparsames Hauptgericht.

Zutaten
750 g Putenbrust in einem Stück
1 Karotte, fein geschnitten auf Streichholzlänge
75 g Räucherspeck, fein geschnitten auf Streichholzlänge
115 g Weißbrot ohne Kruste, eingeweicht in etwas Milch
10 grüne Oliven, entsteint, fein gehackt
1 große Zehe Knoblauch, fein gehackt
4 El frische Petersilie, fein gehackt
4 El frisches Basilikum, fein gehackt
1 Ei
1 achtel Tl geriebene Zitronenschale (Zitrone unbehandelt)
2 El frisch geriebenen Parmesan
Salz und frisch gemahlenen schwarzen Pfeffer
3 El Olivenöl
250 ml Hühnerbrühe, warm
1 halbe Zitrone, dünn geschnitten
25 g Butter
Für 4-5 Personen

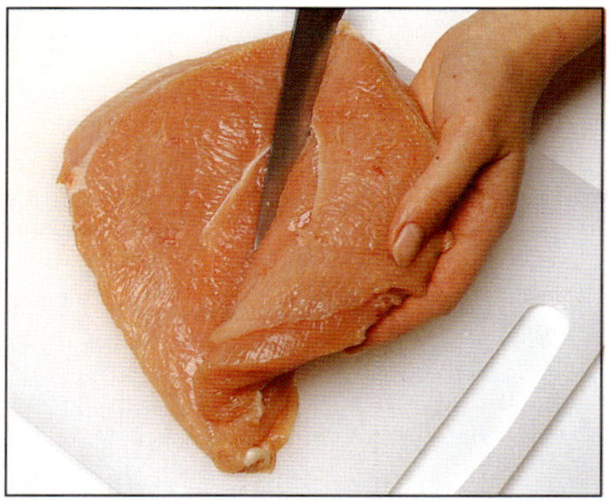

1. ▲ Knochen, Haut und Fett vom Fleisch entfernen. Mit einem sehr scharfen Messer die Putenbrust nicht ganz zu zwei Hälften durchschneiden (ähnlich zwei Buchseiten).

~ VARIATION ~

In 3 El Butter leicht geschmorte Champignons, 75 g, in Scheiben geschnitten, können den Rüucherspeck (siehe Punkt 3) ersetzen. Dann ohne Zitrone.

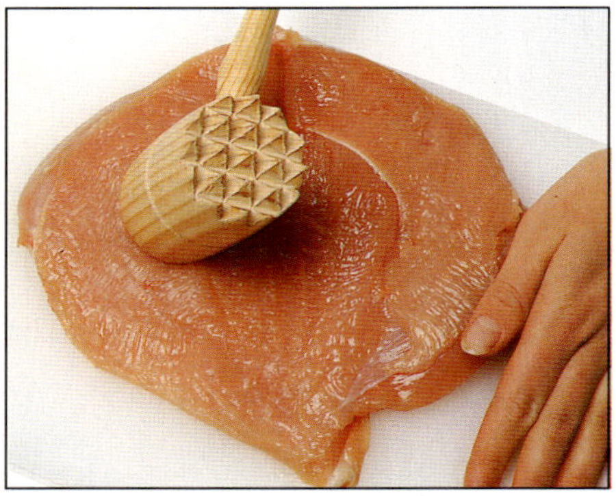

2. ▲ Mit einem Fleischklopfer bearbeiten, bis beide Seiten etwa gleich dick sind.

3. ▲ Herd vorheizen, E 200°, Gas Stufe 6. Karotten- und Zucchinistreifen in kochendem Wasser 2 min. blanchieren. Abtropfen lassen. In einer Schüssel mit dem Räucherspeck mischen.

4. ▲ Das Brot auspressen. In einer Schüssel mit einer Gabel in kleine Stücke reißen. Oliven, Knoblauch, Kräuter und das Ei unterrühren. Die geriebene Zitronenschale und den Parmesan hinzufügen. Würzen mit Salz und Pfeffer.

5. ▲ Die Brotmixtur auf das Fleisch streichen. Rundherum einen schmalen freien Rand lassen. Auf die Masse das Gemüse mit dem Speck geben. Das Fleisch rollen. Mit einem starken Faden umbinden.

6. ▲ Das Öl in einer feuerfesten Form, etwas größer als die Fleischrolle, erhitzen. Wenn das Öl heiß ist, die Putenbrust auf allen Seiten bräunen. Vom Herd nehmen. Hühnerbrühe (warm!) hinzugeben. Die Zitronenstücke um das Fleisch legen. Form mit Deckel in den Ofen schieben.

7. Nach 15 min. Deckel abnehmen, Zitronenstücke entfernen. Mit der Brühe das Fleisch begießen. Ohne Deckel 25-30 min. ständig kochen. Ab und zu begießen. 10 min. stehen lassen, bevor das Fleisch in Scheiben geschnitten wird.

8. Die Soße durchsieben, Butter unterrühren. Abschmecken. Die Putenbrustscheiben warm mit der Soße servieren. Wenn kalt serviert werden soll, erst kurz vorher schneiden. Soße weglasssen.

Küken, mariniert und gekocht

Galletti marinati in padella

Diese Küken sind sehr geschmackvoll, wenn sie einige Stunden vor dem Kochen mariniert werden.

Zutaten
2 Küken, jedes etwa 450 g
5-6 frische Pfefferminzblätter, zerpflückt
1 Stange Lauch, geschnitttten in Ringe
1 Zehe Knoblauch, fein gehackt
Salz, gemahlenen schwarzen Pfeffer
4 El Olivenöl
2 El frischer Zitronensaft
50 ml trockener Weißwein
Pfefferminzblätter zum Garnieren
Für 3-4 Personen

1. Küken entlang dem Rückenknochen in zwei Hälften teilen, ebenso die Brüstchen. Die vier Hälften mit einem Fleischklopfer ebnen. Mit Pfefferminze, Lauch, Knoblauch und Pfeffer in eine Schüssel geben. Übergießen mit Öl und der Hälfte des Zitronensaftes, zudecken und für 6 Stunden ins Kühle stellen.

2. ▲ Eine reichlich große Bratpfanne erhitzen. Die Kükenteile mit der Marinade in die Pfanne geben. Zudecken und bei mäßiger Hitze 45 min. kochen. Die Stücke ab und zu drehen. Würzen mit Salz während des Kochens. Auf eine vorgewärmte Servierplatte legen.

3. ▲ Die Pfanne leicht neigen und etwas Fett entfernen. Wein und restlichen Zitronensaft in die Pfanne gießen. Kochen bis die Soße reduziert ist. Sieben, das Gemüse hinzufügen und garen. Über die Kükenteile geben. Mit Pfefferminze garnieren und servieren.

Wachteln mit Weintrauben

Quaglie con uva

Kleine Vägel sind oft Kennzeichen italienischer Küche. Besonders gut mit weißen Weintrauben.

Zutaten
6-8 frische Wachteln, ausgenommen
Salz und frisch gemahlenen schwarzen Pfeffer
4 El Olivenöl
50 g Räucher- oder Schinkenspeck, geschnitten in kleine Würfel
250 ml trockener Weißwein
250 ml Hühnerbrühe, erwärmt
350 g grüne Weintrauben
Für 4 Personen

1. Die Wachteln innen und außen unter fließend kaltem Wasser vorsichtig waschen. Trocknen mit Küchentüchern. Innen mit Salz und Pfeffer bestreuen.

2. Das Öl in einer Schmorpfanne oder Kasserolle erhitzen, groß genug, um alle Wachtelteile nebeneinander einzulegen. Den Räucher- oder Schinkenspeck hinzufügen und bei mäßiger Hitze 5 min. braten.

3. ▲ Die Hitze erhöhen. Alle Wachteln in die Pfanne geben. Gleichmäßig auf allen Seiten bräunen. Den Wein dazugießen und kochen, bis zur Hälfte reduzieren. Die Wachteln umdrehen. Deckel auflegen und 10-15 min. kochen. Die Hühnerbrühe hinzufügen, die Wachteln wieder drehen, Deckel auflegen und nochmals 15-20 min. kochen, bis die Vögel zart sind. Auf eine vorgewärmte Platte legen, eine Weile warm halten, bis die Soße fertig ist.

4. ▲ Inzwischen die Trauben in einen Topf mit kochendem Wasser geben und 3 min. blanchieren. Abtropfen lassen.

5. Den Bratensaft in ein kleines Kännchen sieben. Wenn der Speck ausgebraten ist, das Fett über die Wachteln geben, auslöffeln und entfernen. Die gesiebte Soße in einen kleinen Topf gießen. Die Weintrauben hinzufügen und behutsam 2-3 min. erwärmen. Um die Wachteln geben und servieren.

Ente mit Maronensoße

Petti di anatra con salsa di castagne

Für dieses herbstliche Gericht sind Maronen, geerntet in Italiens Wäldern, am besten.

Zutaten
1 Zweig frischer Rosmarin
1 Zehe Knoblauch, dünn geschnitten
2 EL Olivenöl
4 Entenbrüstchen, ohne Knochen und Fett
Für die Soße
450 g Maronen
1 Tl Öl
350 ml Milch
1 kleine Zwiebel, fein gehackt
1 Karotte, fein gehackt
1 kleines Lorbeerblatt
Salz, frisch gemahlener schwarzer Pfeffer
2 El Sahne, erwärmt
Für 4-5 Personen

1. ▲ Die Blätter vom Rosmarin abstreifen, mit Knoblauch und Öl in eine flache Schüssel geben. Mischen. Die Entenbrüstchen mit Küchentüchern abtrocknen. Mit der Marinade bestreichen. Vor dem Braten 2 Std. einwirken lassen.

2. Den Herd vorheizen, E 180°, Gas Stufe 4. Mit einem scharfen Messer einen Kreuzschnitt auf der flachen Seite jeder Marone schneiden.

~ **KOCH-TIP** ~

Dieses Kastanienpüree kann im Voraus gemacht, und bis zu zwei Tagen im Kühlschrank aufbewahrt werden, oder im Herbst zubereitet und eingefroren und bei Raumtemperatur aufgetaut werden.

3. ▲ Die Maronen mit dem Öl in eine flache Backform geben. Form schütteln, bis die Maronen rundherum mit Öl bedeckt sind. 20 min. backen, schälen.

4. Die geschälten Maronen mit Milch, Zwiebel, Karotte und Lorbeerblatt in einen Kochtopf geben. Langsam kochen, 10-15 min., bis die Maronen sehr weich sind. Würzen mit Salz und Pfeffer. Lorbeerblatt entfernen. Alles durch ein Sieb passieren.

5. Wieder in den Kochtopf geben. Vorsichtig erhitzen für die Weile, solange die Brüstchen braten. Kurz vor dem Servieren die Sahne einrühren. Ist die Soße zu dick, noch etwas Sahne hinzufügen. Grill oder Holzkohlengrill anheizen.

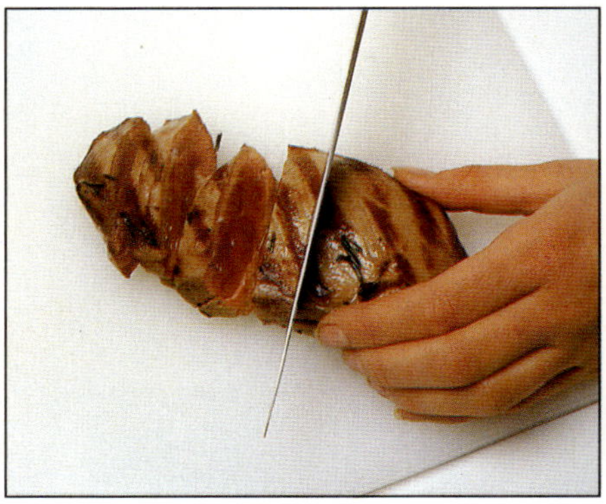

6. ▲ Brüstchen grillen bis medium rare, ca. 6-8 min. Das Fleisch sollte innen dunkelrosa sein. In Scheiben schneiden. Auf vorgewärmten Tellern anrichten. Mit der heißen Soße servieren.

Gebratener Fasan mit Wacholderbeeren

Fagiano arrosto

Salbei und Wacholder wird oft in der italienischen Küche für Fasan oder Wild verwendet.

Zutaten
1,2-1,4 kg Fasan
mit Leber, fein gehackt (wenn gewünscht)
3 El Olivenöl
2 Zweige frischer Salbei
3 Schalotten, gehackt
1 Lorbeerblatt
2 Zitronenviertel und 1 Tl Saft
2 El Wacholderbeeren, leicht zerdrückt
Salz und frisch gemahlenen schwarzen Pfeffer
4 dünne Scheiben Räucher- oder Schinkenspeck
6 El tockener Weißwein
250 ml Hühnerbrühe, erhitzt
25 g Butter, Raumtemperatur
2 El Mehl
2 El Weinbrand
Für 3-4 Personen

1. ▲ Den Fasan unter fließend kaltem Wasser waschen. Gut abtropfen lassen, abtrocknen mit Küchentüchern. Einreiben mit 1 El Öl. Restliches Öl, Salbei, Schalotten und Lorbeerblatt in eine flache Schüssel geben. Dazu Zitronensaft und Wacholderbeeren. Den Fasan mit Zitronenvierteln in eine Schüssel, die Marinade über das Fleisch geben. Einige Stunden kühl stellen. Den Fasan ab und zu drehen. Zitronenviertel entfernen.

2. Herd vorheizen, E 180°, Gas Stufe 4. Den Fasan in eine Bratform legen. Innen mit Salz und Pfeffer bestreuen. Das Lorbeerblatt einlegen. Die Marinade aufheben.

3. Einige Salbeiblätter auf die Brust des Fasans legen. Darüber die Scheiben Räucher- oder Schinkenspeck. Mit kräftigem Faden sichern.

4. ▲ Die restliche Marinade auf die Oberseite des Fasans geben und braten bis er zart ist. Etwa 30 min. pro 450 g. Regelmäßig begießen mit dem Bratensaft aus der Pfanne und dem Weißwein. Den Fasan auf eine vorgewärmte Servierplatte legen. Faden und Speck entfernen.

5. Die Bratform etwas neigen. Fett abschöpfen. Mit warmer Hühnerbrühe aufgießen. Unter Rühren Fleischreste vom Boden lösen. Die Fasanenleber hinzufügen (wenn gewünscht) und 2-3 min kochen . In einen Kochtopf sieben.

6. ▲ Die Butter mit dem Mehl glatt verrühren. Immer wieder etwas Soße hinzu. Dann 2-3 min. kochen, Dabei ständig umrühren. Vom Herd nehmen. Weinbrand einrühren und servieren.

Kalbsschnitzel mit Marsala

Scaloppine di vitello con marsala

Ein schnelles, delikates Gericht. Süßer Marsala belebt den milden Geschmack des Kalbfleisches.

Zutaten
450 g Kalbsschnitzel, geschnitten in 5 mm dicke Scheiben, geteilt
50 g Mehl, gewürzt mit Salz und frisch gemahlenem schwarzen Pfeffer, zum Wenden
50 g Butter
5 El trocknener Marsala
5 El Brühe oder Wasser
Für 4 Personen

1. Die Schnitzel flach klopfen auf 4 mm Dicke. Wenn sie nicht von Sehnen befreit sind, rund um das Fleisch schmal einschneiden. Das verhindert ein Wellen während des Bratens.

2. ▲ Das Mehl auf eine Platte streuen. Die Butter in einer großen Bratpfanne erhitzen. Die Schnitzel leicht im Mehl wenden. Überflüssiges Mehl abschütteln. Sobald die Butter schäumt, die Schnitzel nebeneinander in die Pfanne legen (eventuell auf zweimal), schnell auf beiden Seiten bräunen. Auf eine vorgewärmte Servierplatte geben.

3. ▲ In die Pfanne den Marsala und die Brühe oder das Wasser gießen. Bei höherer Hitze 3-4 min. kochen. Fleischreste vom Boden der Pfanne lösen. Die Soße über die Schnitzel geben und sofort servieren.

Kalbsschnitzel mit Speck und Käse

Scaloppine alla bolognese

Das Gericht aus Bologna wird mit Parmesan oder Greyerzer (Schweizer Hartkäse) zubereitet.

Zutaten
8 Kalbsschnitzel, 450 g insgesamt
50 g Mehl, gewürzt mit Salz und frisch gemahlenem schwarzen Pfeffer, zum Wenden
25 g Butter
2 El Olivenöl
3 El trockener Weißwein
8 kleine Scheiben Räucherspeck
50 g frisch geriebener Parmesan oder 8 schmale Scheiben Greyerzer
Für 4 Personen

1. Den Ofen vorheizen, E 200°, Gas Stufe 6. Die Schnitzel flacher klopfen. Wenn sie nicht von Sehnen befreit sind, rundherum einkerben. Das verhindert ein Wellen des Fleisches während des Bratens. Das gewürzte Mehl auf eine Platte streuen.

2. ▲ Die Butter mit dem Öl in einer großen Bratpfanne erhitzen. Die Schnitzel leicht im Mehl wenden. Überschüssiges Mehl abschütteln. Sobald das Fett schäumt, die Schnitzel nebeneinander in die Pfanne legen. Von beiden Seiten bräunen. In eine flache Auflauf- form legen. Wein in die Pfanne gießen und 1-2 min. kochen. Die braunen Reste vom Boden der Pfanne mit einem Holzlöffel lösen. Über die Schnitzel verteilen.

3. ▲ Auf jedes Schnitzel eine Scheibe Räucherspeck legen. Darauf 1 Tl Parmesan streuen oder eine Scheibe Greyerzer Käse legen. In den Ofen schieben und 5-7 min. braten, bis der Käse geschmolzen ist. Heiß servieren.

Kaltes Kalbfleisch mit Thunfischsoße

Vitello tonnato

Ein klassisches Sommergericht. Gut, wenn es frühzeitig zubereitet wird und vor dem Servieren einige Stunden kühl steht. Das Gericht kann 3 Tage im Kühlschrank aufbewahrt werden.

Zutaten
800 g Kalbsbraten, in einem Stück, ohne Knochen
1 Karotte, geschält
1 Stangensellerie
1 kleine Zwiebel, geschält und geviertelt
1 Lorbeerblatt
1 Gewürznelke
1 Tl ganze Pfefferkörner
Für die Thunfischsoße
400 g Thunfisch aus der Dose, eingelegt in Olivenöl
4 Sardellenfilets
2 Tl Kapern, abgespült und abgetropft
300 ml Mayonnaise
3 El frischer Zitronensaft
Salz, frisch gemahlenen schwazen Pfeffer
Kapern und Gewürzgurken zum Garnieren
Für 6-8 Personen

1. ▲ Kalbfleisch mit dem Gemüse und den Gewürzen in einen Topf (nicht aus Aluminium oder Kupfer) geben. Bedecken mit Wasser. Zum Kochen bringen, 50-60 min. sieden. Von der Oberfläche den Schaum abschöpfen. Nicht zu lange kochen, sonst fällt das Fleisch beim Schneiden auseinander. Wenn das Fleisch abgekühlt ist, für einige Zeit kalt stellen.

2. Thunfisch abtropfen lassen. Mit Sardellen, Kapern und Zitronensaft in einen Mixer geben und zu einer cremigen Masse rühren. Ist die Masse zu dick, noch ca. 2-3 El kalte Kalbsbrühe hinzufügen und wieder gut mischen.

3. ▲ Thunfischpüree in eine Schüssel geben, die Mayonnaise unterrühren. Auf Geschmack prüfen. Nachwürzen.

4. Das Kalbfleisch in sehr dünne Scheiben schneiden. Etwas Thunfischsoße auf den Boden der Servierplatte geben.

5. ▲ Die Fleischscheiben nebeneinander auf die Soße legen. Dünn mit Soße überdecken. Oder auf Teller anrichten (wie bei Punkt 4 beschrieben). Garnieren mit Kapern und Essiggurken. In Frischhaltefolie einschlagen und in den Kühlschrank stellen. Servieren bei Bedarf.

Geschmorte Kalbsbeinscheiben

Ossobuco alla milanese

„Ossobuco" steht für „hohler Knochen". Bei diesem Gericht nach Mailänder Art sollte jede Beinscheibe Knochenmark enthalten. Das ist besonders delikat.

Zutaten
50 g Butter
1 Zehe Knoblauch, geschält und zerdrückt
4 Kalbsbeinscheiben, jede etwa 5 cm dick
Mehl, zum Wenden
Salz und frisch gemahlenen schwarzen Pfeffer
250 ml trockener Weißwein
300 ml Fleisch- oder Hühnerbrühe
1 Lorbeerblatt
1 Zweig frischer Thymian
Für die Würzmischung
1 kleine Zehe Knoblauch
2 El frische Petersilie, gehackt
1 Tl Zitronenschale, fein gehackt (unbehandelte Zitrone) verwenden
1 halbes Sardellenfilet (wenn gewünscht)
Für 4 Personen

1. Den Herd vorheizen, E 160°, Gas Stufe 3. In einer Kasserolle, groß genug, um alle Teile nebeneinander zu legen, die Butter mit zerdrückter Knoblauchzehe erhitzen. Die Teile leicht im Mehl wenden. In die Kasserolle legen. Erst auf einer Seite bräunen, dann auf der anderen. Würzen mit Salz und Pfeffer. Knoblauchzehe entfernen.

2. ▲ Den Wein hinzufügen und bei größerer Hitze 2-3 min. kochen. Die Scheiben nach einiger Zeit wenden. Die Brühe dazugießen, Lorbeerblatt und Thymian hinzufügen. Die Kasserolle mit Deckel für 2 Stunden in die Mitte des Ofens schieben.

3. ▲ In der Zwischenzeit die Würzmischung herstellen. Den Knoblauch, die Petersilie, Zitronenschale und das Sardellenfilet (wenn gewünscht) auf ein Brett geben und alles zusammen sehr fein hacken und mischen.

4. ▲ Nach 2 Stunden die Kasserolle aus dem Herd nehmen. Den Bratensaft abschmecken. Die Würzmischung hinzugeben und gut untermischen. Nochmals die Kasserolle für 10 min. in den Ofen schieben. Danach servieren.

Mailänder Kalbskoteletts

Costolette alla milanese

Dieses berühmte Gericht hängt vom sorgfältigen Braten in Butter ab.

Zutaten
2 Kalbskoteletts, mit Knochen
1 Ei
Salz, frisch gemahlenen schwarzen Pfeffer
6-8 El Paniermehl
50 g Butter
1 El Pflanzenöl
Zitonenstücke zum Servieren
Für 2 Personen

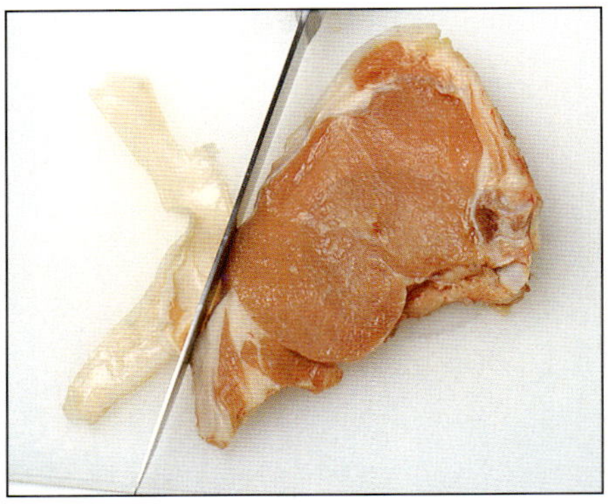

1. ▲ Knorpel oder einiges Fett von den Koteletts entfernen. Wenn nötig, auf einer Seite entlang dem Rippenknochen etwas einschneiden. Das Fleisch klopfen.

2. ▲ Das Ei in einer Schüssel verquirlen, würzen mit Salz und Pfeffer. Das Paniermehl auf einen Teller geben. Die Koteletts zuerst im Ei und dann im Paniermehl wenden. Das Paniermehl fest andrücken.

~ KOCH-TIP ~

Bei der Mailänder Küche werden die Koteletts für 1 Stunde in Milch eingelegt, damit das Fleisch weicher wird.

3. ▲ Die Butter in einer Bratpfanne mit dem Öl erhitzen, groß genug, um beide Koteletts nebeneinander einzulegen. Nicht zu braun werden lassen. Langsam braten bei mäßiger Hitze, bis die Panade goldbraun und das Fleisch durchgebraten ist. Die Zeit ist abhängig von der Dicke der Koteletts. Es ist wichtig, nicht zu schnell zu braten, weil durch die Panade das Fleisch sonst nicht durchgegart wird. Heiß servieren mit Zitronenstücken.

Kalbfleischrollen mit Salbei und Räucherspeck

Saltimbocca

Diese Rollen sind so gut, daß ihr italienischer Name bedeutet, sie „springen in deinen Mund."

Zutaten
8 kleine Kalbsschnitzel
8 kleine Scheiben durchwachsener Speck
8 Blätter frischer Salbei
Salz und frisch gemahlenen schwarzen Pfeffer
40 g Butter
100 ml Fleischbrühe, erwärmt
Für 3-4 Personen

1. Die Kalbsschnitzel mit einem Fleischklopfer behutsam klopfen bis sie dünn sind. Auf jede Fleischscheibe ein Stück Speck geben, darauf ein Salbeiblatt. Würzen mit Salz und Pfeffer. Die Schnitzel mit der Füllung aufrollen. Mit Zahnstochern zusammenstecken.

2. ▲ Die Hälfte der Butter in einer großen Pfanne erhitzen, so daß alle Rollen in einer Lage hineinpassen. Wenn die Butter Blasen wirft, Fleisch hinzufügen. Von allen Seiten bräunen ca. 7-10 min. oder bis das Fleisch gar ist. Auf einen vorgewärmten Teller legen.

3. ▲ Die restliche Butter und die warme Brühe in der Pfanne zum Kochen bringen. Mit einem Holzlöffel die gebräunten Reste vom Pfannenboden lösen. Die Zahnstocher aus den Fleischrollen entfernen. Die Soße über die Rollen gießen und servieren.

Pizzaiola Steak

Bistecchine alla pizzaiola

Ein Gericht aus Neapel. Dort werden Tomatensoßen von Pizzas auch für Fleisch verwendet.

Zutaten
450 g Rumpsteak, dünn geschnitten
3 El Mehl, zum Wenden
3 El Olivenöl
3 Zehen Knoblauch, geschält und zerdrückt
400 g Tomaten, aus der Dose, mit Saft, passiert durch ein Sieb
2 El frisches Basilikum, gehackt
Salz, frisch gemahlenen schwarzen Pfeffer
Für 4 Personen

1. Etwas Fett von den Steaks entfernen und geringfügig mit einem scharfen Messer einschneiden, so daß sich das Fleisch beim Braten nicht wellt. Die Fleischscheiben mit Küchtentüchern abtrocknen. Leicht im Mehl wenden.

2. ▲ In einer großen Bratpfanne 2 El Olivenöl mit den Knoblauchzehen erhitzen. Wenn die Zehen golden sind, an den Pfannenrand schieben. Hitze erhöhen, die Steaks hineingeben. Schnell auf beiden Seiten bräunen. Dann das Fleisch auf einen Teller legen.

3. ▲ Das restliche Öl, die Tomaten und Kräuter in die Pfanne geben. Würzen mit Salz und Pfeffer. Bei mäßiger Hitze 15 min. kochen. Knoblauchzehen entfernen. Die Steaks wieder in die Pfanne heben und in die Soße einrühren. Nochmals für 4-5 min. köcheln.

Kräuterfrikadellen

Polpette

Rinderhack, gemischt mit frischen Kräutern, dazu eine schmackhafte Tomatensoße.

Zutaten
750 g Rinderhack
1 Zehe Knoblauch, fein gehackt
1 Frühlingszwiebel, fein gehackt
3 El frisches Basilikum, gehackt
2 El frische Petersilie, gehackt
Salz, frisch gemahlenen schwarzen Pfeffer
40 g Butter
Für die Tomatensoße
3 El Olivenöl
1 mittelgroße Zwiebel, fein gehackt
300 g Tomaten, gehackt
einige frische Basilikumblätter
3-4 El Wasser
1 Tl Zucker
1 El Weißweinessig
Salz, frisch gemahlenen schwarzen Pfeffer
Für 4 Personen

1. Für die Tomatensoße das Öl erhitzen. Die Zwiebeln schmoren, bis sie glasig sind. Tomaten hinzufügen und für weitere 2-3 min. schmoren. Basilikum hinzugeben, die Pfanne zu-decken und bei mäßiger Hitze 7-8 min. köcheln.

2. Wasser, Zucker und Essig hinzufügen und 2-3 min. kochen. Würzen mit Salz und Pfeffer. Vom Herd nehmen. Etwas abkühlen lassen. Die Soße durch ein Sieb passieren und abschmecken.

3. ▲ Das Fleisch mit der Zwiebel, dem Knoblauch und den frischen Kräutern in einen Mixer geben. Würzen mit Salz und Pfeffer. Gut durchrühren.
4 Frikadellen formen, leicht klopfen.

4. ▲ Die Butter in einer Bratpfanne erhitzen, bis sie schäumt. Frikadellen einlegen, braten bei höherer Hitze bis die Unterseite braun ist. Frikadellen wenden, weiter braten, bis sie fertig sind. Auf einen vorgewärmten Teller legen.

5. Die Pfanne etwas neigen und Fett abschöpfen. Die Soße hineingeben, die Hitze erhöhen. Soße zum Kochen bringen, Fleischreste vom Pfannenboden lösen. Servieren mit den Frikadellen.

Fleischbällchen

Polpettine

Die Fleischbällchen können als Hauptgericht gegessen werden. Sie sind aber auch kalt gut.

Zutaten
2 El getrocknete Steinpilze
150 ml warmes Wasser
450 g Rinderhack
2 Zehen Knoblauch, fein gehackt
4 El frische Petersilie, gehackt
3 El frisches Basilikum, gehackt
1 Ei
6 El Semmelbrösel
2 El frisch geriebenen Parmesan
Salz und frisch gemahlenen schwarzen Pfeffer
4 El Olivenöl
1 mittelgroße Zwiebel, sehr fein gehackt
50 ml trockener Weißwein
frische Petersilie, gehackt, zum Garnieren
Für 3-4 Personen als Hauptgericht

1. Die getrockneten Pilze im warmen Wasser 15 min. einweichen. Aus dem Wasser heben und fein hacken. Das Einweichwasser durch einen Papierfilter fließen lassen und aufbewahren.

2. ▲ In einem Mixer Fleisch, Knoblauch, die gehackten Pilze, die Kräuter und das Ei sehr gut mischen. Die Semmelbrösel und den Parmesan hinzufügen, würzen mit Salz und Pfeffer. Gut durchrühren. Die Mischung in kleine Bällchen formen, ca. 4 cm im Durchmesser.

3. ▲ In einer großen Bratpfanne das Öl erhitzen. Die gehackte Zwiebel hineingeben und bei mäßiger Hitze braten, bis sie weich ist. Die Hitze erhöhen und die Bällchen hineingeben. Immer wieder rollen, bis sie rundherum braun sind. Nach 5 min. das gefilterte Pilzwasser hizufügen. Ca. 5-8 min. kochen, bis die Bällchen gar sind. Probieren.

4. ▲ Die Bällchen mit einer Siebkelle herausheben und auf eine heiße Servierplatte legen. Den Wein in die Pfanne gießen, 1-2 min. kochen. Beim Rühren die Fleischreste vom Pfannenboden lösen. Die Soße über die Fleischbällchen verteilen. Bestreuen mit gehackter Petersilie und sofort servieren.

Rindfleischragout mit Rotwein

Spezzatino di manzo con vino rosso

Dieses herzhafte Gericht sollte mit Kartoffelbrei oder Polenta serviert werden.

Zutaten
5 El Olivenöl
1,5 kg Rindfleisch, ohne Knochen, geschnitten in ca. 3 cm große Würfel
1 mittelgroße Zwiebel, fein geschnitten
2 Karotten, gehackt
3 El frische Petersilie, gehackt
1 Zehe Knoblauch, gehackt
1 Lorbeerblatt
einige Zweige frischer Thymian oder
1 Prise getrocknete Thymianblätter
1 Prise geriebene Muskatnuß
250 ml Rotwein
400 g Tomaten aus der Dose mit dem Saft, gehackt
100 ml Fleisch- oder Hühnerbrühe
15 schwarze Oliven, entsteint, halbiert
Salz, frisch gemahlenen schwarzen Pfeffer
1 große rote Parprikaschote, in Streifen geschnitten
Für 6 Personen

1. ▲ Den Herd vorheizen, E 180°, Gas Stufe 4. 3 El Olivenöl in einer großen Kasserolle erhitzen. Das Fleisch bräunen. Nach kurzer Zeit wenden. Wenn alle Teile gleichmäßig gebräunt sind, in eine Schüsssel geben.

2. Wenn alle Stücke gebräunt sind und aus der Pfanne entfernt wurden, das restliche Öl, die Zwiebeln und Karotten hineingeben. Bei mittlerer Hitze braten, bis die Zwiebeln weich sind. Die Petersilie und denKnoblauch zugeben und nochmals 3-4 min. köcheln.

3. ▲ Das Fleisch zurück in die Kasserolle geben, die Hitze erhöhen. Die Gemüsemischung gut mit dem Fleisch verrühren. Lorbeerblatt, Thymian und Muskatnuß einrühren. Wein hinzufügen, zum Kochen bringen und 4-5 min. rühren. Tomaten, Brühe und Oliven gut untermischen. Würzen mit Salz und Pfeffer. Die Kasserolle mit Deckel für eineinhalb Std. in die Mitte des Ofens schieben.

4. ▲ Die Kasserolle aus dem Herd nehmen und die Paprikastreifen unterrühren. Die Pfanne ohne Deckel wieder in den Ofen für nochmals 30 min. oder bis das Fleisch zart gegart ist. Probieren.

Lammbraten mit Kräutern

Arrosto d'agnello con erbe e aglio

In Süditalien wird Lamm zubereitet mit Knoblauch und wildwachsenden Kräutern.

Zutaten
1,5 kg Lammkeule
3-4 El Olivenöl
4 Zehen Knoblauch, geschält und halbiert
2 Zweige frischer Salbei oder
1 Prise getrocknete Salbeiblätter
2 Lorbeerblätter
2 Zweige frischer Thymian oder
1 halber Tl getrocknete Thymianblätter
2 Zweige frischer Rosmarin oder
1 halber Tl getrocknete Rosmarinblätter
Salz und frisch gemahlenen schwarzen Pfeffer
175 ml Weißwein
Für 4-6 Personen

1. Überflüssiges Fett vom Fleisch abtrennen. Mit Olivenöl einreiben. Kleine Einschnitte mit einem scharfen Messer direkt unter die Haut rund um das Fleisch ritzen. Knoblauchhälften in einige Einschnitte geben, in die anderen die frischen Kräuter. Getrocknete Kräuter über die Keule streuen und anpressen.

2. Die restlichen frischen Kräuter zur Keule geben. Vor dem Braten für mindestens 2 Stunden an einen kühlen Ort stellen. Den Herd vorheizen, E 190°, Gas Stufe 5.

3. ▲ Die Lammkeule, umrundet von den frischen Kräutern, in eine Backofenform legen. In den Ofen schieben und 35 min. braten. Ab und zu mit Fett aus der Form beträufeln.

4. ▲ Den Wein über die Keule gießen und nochmals für 15 min. im Ofen lassen. Danach auf eine heiße Servierplatte legen. Die Backofenform neigen und etwas Fett über die Keule geben. Den Bratensaft in eine Soßenschüssel sieben. Das Fleisch schneiden und servieren. Die Soße gesondert dazu.

Lammragout mit Tomaten und Knoblauch

Spezzatino d'agnello

Dieses rustikale Ragout ist vom Puglia-Plateau. Dort grasen die Schafe entlang den Weinbergen.

Zutaten
2 große Zehen Knoblauch
1 Zweig frischer Rosmarin oder
3 El frische Petersilie, wenn frischer Rosmarin nicht erhältlich ist
6 El Olivenöl
1,3 kg Lammfleisch, ohne Fett und Knorpel, in Würfel geschnitten
Mehl, gewürzt mit frisch gemahlenem schwarzen Pfeffer, zum Wenden
175 ml Weißwein
2 Tl Salz
450 g frische Tomaten, gehackt, oder 400 g Tomaten aus der Dose, gehackt
100 ml Fleischbrühe, heiß
Für 5-6 Personen

1. Den Ofen vorheizen, E 180°, Gas Stufe 4. Knoblauch mit Petersilie hacken, wenn es gebraucht wird. 4 El Olivenöl erhitzen in einer großen Kasserolle.

2. Knoblauch und Rosmarin, ersatzweise Petersilie, hinzufügen. Braten bis der Knoblauch golden ist.

3. ▲ Die Lammwürfel im Mehl wenden, in einer Lage in die Kasserolle geben. Wenden bis alle Stücke rundherum gebräunt sind. In eine Schüssel legen, zur Seite stellen. Noch etwa Öl hinzufügen, die restlichen Lammwürfel bräunen.

4. ▲ Wenn alle Lammwürfel gebräunt sind, zurück in die Kasserolle geben und den Wein hinzugießen. Die Hitze erhöhen und zum Kochen bringen, die Fleischreste vom Pfannenboden lösen. Bestreuen mit Salz. Tomaten und heiße Brühe hinzufügen und gut umrühren. Die Kaserolle mit Deckel in die Mitte des Ofens schieben für ca. 2 Stunden oder bis das Fleisch gar ist. Probieren.

Geschmorter Schweinebraten

Lonza al latte con carote

Diese Art das Schweinefleisch langsam in Milch zu schmoren, ergibt einen delikaten, cremigen Bratensaft. Es ist eine Spezalität aus der venezianischen Region.

Zutaten
750 g Schweinefleisch von der Lende
3 El Olivenöl
25 g Butter
1 kleine Zwiebel, fein gehackt
1 Stangensellerie, fein gehackt
8 Karotten, geschnitten in Streifen
2 Lorbeerblätter
1 El Pfefferkörner
Salz, zum Abschmecken
500 ml Milch, siedend
Für 4-5 Personen

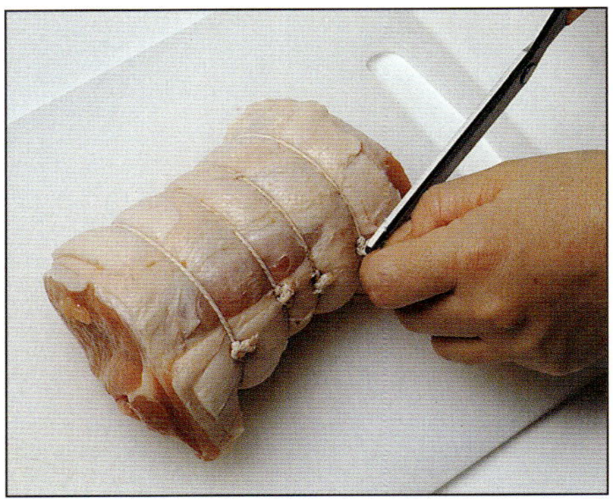

1. ▲ Überschüssiges Fett abschneiden. Fleisch rollen und mit Fäden binden.

2. ▲ Den Herd vorheizen, E 180°, Gas Stufe 4. Öl und Butter in einer größeren Kasserolle erhitzen. Gemüse hinzufügen und bei mäßiger Hitze 8-10 min. schmoren, bis es weich ist. Hitze erhöhen. Das Gemüse an den Pfannenrand schieben, den Braten hineingeben. Von allen Seiten bräunen. Dann Lorbeerblätter und Pfefferkörner hinzugeben. Würzen mit Salz.

3. ▲ Die heiße Milch zugießen. Die Kasserolle mit Deckel für 90 min. in die Mitte des Ofens schieben. Das Fleisch alle 20 min. wenden und mit der Soße begießen. Den Deckel für die letzten 20 min. entfernen.

4. ▲ Das Fleisch aus der Kasserolle nehmen, die Fäden entfernen, dann auf eine vorgewärmte Servierplatte legen und in Scheiben schneiden.

5. ▲ Lorbeerblätter herausnehmen. Ein Drittel der Karotten und alle Flüssigkeit durch ein Sieb drücken. Die restlichen Karotten um den Braten legen.

6. ▲ Die passierte Soße in einen Kochtopf geben, abschmecken und zum Kochen bringen. Wenn die Soße zu dünn ist, für einige min. zum Reduzieren weiterkochen. Die Bratenscheiben mit den Karotten servieren. Die Soße gesondert.

~ VARIATION ~

Dieses Gericht kann auch mit Kalbfleisch anstatt Schweinefleisch hergestellt werden. Ein Stück knochenlosen Kalbsbraten nach diesem Rezept zubereiten. Es schmeckt heiß oder kalt delikat.

Schweinefilet mit Kapernsoße

Fettine di maiale con salsa di capperi

Die Soße kann zuerst zubereitet werden und etwas abkühlen, bevor das Fleisch schmort.

Zutaten
450 g Schweinefilet, in dünne Scheiben geschnitten
Mehl, gewürzt mit frisch gemahlenem schwarzen Pfeffer, zum Wenden
25 g Butter
2 El Olivenöl
Für die Kapernsoße
2 El Olivenöl
50 g Butter
1 kleine Zwiebel, sehr fein gehackt
1 Sardellenfilet, abgespült und gehackt
1 El Mehl
2 El Kapern, abgespült
1 El frische Petersilie, fein gehackt
4 El Weinessig
4 El Wassser
4 El Balsamessig (Aceto Balsamico)
Für 4-5 Personen

1. Für die Soße das Olivenöl mit der Hälfte der Butter in einem Kochtopf (kein Aluminium) erhitzen. Langsam die Zwiebeln braten. Wenn sie weich sind, Sardellen hinzufügen. Mit einem Holzlöffel unter die Zwiebeln mischen.

2. ▲ Das Mehl unterrühren. Wenn es gut mit der Zwiebel-Sardellen-Mischung verschmolzen ist, Kapern, Petersilie, Weinessig und Wasser hinzufügen. Bei mäßiger Hitze die Soße dick werden lassen. Ständig Rühren. Vor dem Servieren 2 El Butter und Balsamessig einrühren.

3. Inzwischen die Filets mit einem Fleischklopfer klopfen bis sie dünn sind. Leicht im gewürzten Mehl wenden. Überschüssiges Mehl abschütteln.

4. ▲ Die Butter und das Olivenöl in einer reichlich großen Bratpfanne erhitzen. Wenn das Gemisch heiß ist, die Filetscheiben in einer Lage hineingeben und auf beiden Seiten bräunen, 5-6 min. Auf eine heiße Servierplatte legen. Die restlichen Filets braten. Auch auf die Platte geben. Heiß mit der Soße servieren.

Schweinekoteletts mit Pilzen

Costolette di maiale con funghi

Der Zusatz von getrockneten Steinpilzen zu frischen Champignons ergibt ein reiches Aroma.

Zutaten
3 El getrocknete Steinpilze, eingeweicht in 250 ml warmem Wasser (Einweichwasser aufbewahren)
75 g Butter
2 Zehen Knoblauch, geschält und zerdrückt
300 g frische Champignons, dünn geschnitten
Salz und frisch gemahlenen schwarzen Pfeffer
1 El Olivenöl
4 Schweinekoteletts, Fettrand eingeschnitten
1 halber Tl frische Thymianblätter oder
1 halber Tl getrockneter Thymian
100 ml trockener Weißwein
75 ml Sahne, flüssig
Für 4 Personen

1. Das Einweichwasser der Pilze durch einen Papierfilter gießen und aufbewahren. 50 g Butter in einer reichlich großen Bratpfanne schmelzen. Den Knoblauch hinzufügen. Wenn die Butter schäumt, die Knoblauchzehen an den Pfannenrand schieben. Alle Pilze hinzugeben. Würzen und bei guter Hitze kochen, bis keine Flüssigkeit mehr vorhanden ist. Ca. 8-10 min.

2. Die Pilze in eine Schüssel geben. Die restliche Butter und das Öl in der Pfanne erhitzen. Die Koteletts nebeneinander einlegen und bestreuen mit Thymian. Bei großer Hitze jede Seite 3 min. braten bis sie versiegelt sind. Hitze reduzieren. Nochmals 15-20 min. braten. Auf vorgewärmte Teller legen.

3. ▲ Etwas Fett aus der Pfanne schöpfen. Wein und Pilzeinweichwasser heineingießen. Bei sehr hoher Hitze kochen bis es zu Hälfte reduziert ist. Die Fleischreste vom Pfannenboden lösen. Pilze und Sahne hinzufügen und nochmals 3-4 min. kochen. Die Soße über die Koteletts gießen und servieren.

Leber mit Zwiebeln

Fegato alla veneziana

Dieses klassische venezianische Gericht ist sehr gut mit gegrillter Polenta. Zwiebeln bekommen einen süßen Geschmack, wenn sie sehr langsam gebraten werden.

Zutaten
75 g Butter
3 El Olivenöl
750 g Zwiebeln, sehr fein geschnitten
Salz, frisch gemahlenen schwarzer Pfeffer
800 g Kalbsleber, dünn geschnitten
3 El frische Petersilie, fein gehackt, zum Garnieren
gegrillte Polentastücke (nach Wahl)
Für 6 Personen

1. ▲ 50 g Butter mit dem Öl in einer großen Pfanne erhitzen, die Zwiebeln hinzufügen. Braten bei schwacher Hitze bis sie weich und zart sind, etwa 40-50 min. Oft umrühren. Würzen mit Salz und Pfeffer. In eine Schüssel geben.

2. ▲ Die Hitze erhöhen und die restliche Butter in die Pfanne geben. Wenn die Butter nicht mehr schäumt, die Leber hineingeben. Auf beiden Seiten bräunen. 5 min. braten oder bis die Leber gar ist. Auf einen warmen Teller legen.

3. ▲ Die Zwiebeln wieder in die Pfanne geben. Die Hitze wieder erhöhen. Die Zwiebeln gut mit dem Bratensaft der Leber vermischen.

4. ▲ Wenn die Zwiebeln heiß sind aus der Pfanne nehmen und auf eine heiße Servierplatte geben. Die Leber obenauf legen. Mit Petersilie bestreuen. Mit gegrillter Polenta (wenn gewünscht) servieren.

Kaninchen mit Tomaten

Coniglio con pomodori

In Italien ist Kaninchen sehr populär und wird auf viele verschiedene Arteten zubereitet. Dies ist ein herzhaftes Gericht mit kräftigem Geschmack.

Zutaten
750 g Kaninchen, ohne Knochen geschnitten in längliche Stücke
2 Zehen Knoblauch, geschält, geschnitten
115 g Räucher- oder Schinkenspeck.
750 g Tomaten, geschält, entkernt, grob gehackt
3 El frisches Basilikum, gehackt
Salz, frisch gemahlenen schwarzen Pfeffer
4 El Olivenöl
Für 4-5 Personen

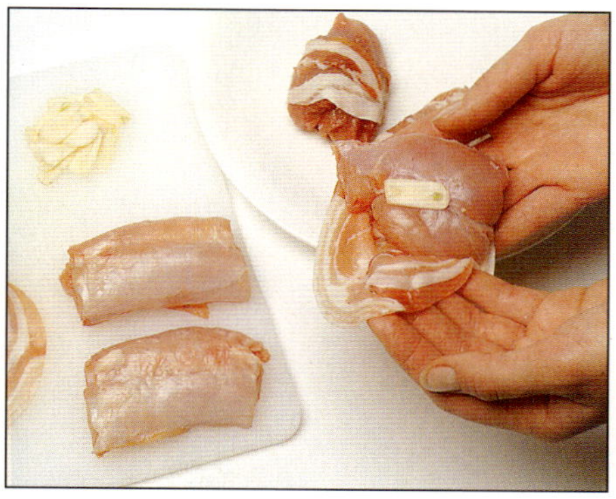

1. ▲ Den Herd vorheizen, E 200°, Gas Stufe 6. Kaninchenstücke mit Küchentüchern abtrocknen. Knoblauchscheiben auf jedes Stück geben. Mit einer Scheibe Speck umwickeln, so daß die Knoblauch-scheiben sicher halten.

2. ▲ Die Tomaten in eine Stielpfanne geben, kochen für einige min., bis sie keine Flüssigkeit mehr abgeben und trocken werden. Basilikum einrühren. Würzen mit Salz und Pfeffer.

3. ▲ Die Tomaten auf dem Boden einer feuerfesten Form verteilen. Die Kaninchenstücke darauflegen, mit Olivenöl beträufeln. Die Form ohne Deckel in den Ofen schieben für 40-50 min.

4. ▲ Die Kaninchenstücke immer wieder mit etwas Fett aus der Bratform begießen. Nach etwa 25 min. die Form für die restliche Bratzeit mit Folie bedecken, damit die Soße nicht zu trocken wird.

DESSERTS

Diese genußvollen Beispiele aus Italien, abgeschaut aus vielen Regionen, sind sehr populäre Desserts für Familien. Sie schließen ein leckere Kuchen, Cremepuddings, Nußbiskuits, gebackene Früchte und erfrischendes Sommereis.

Tiramisù

Tiramisù

„Tiramisù" heißt „richte mich auf", Dieses Dessert, reich an Eiern und Kaffee, tut genau das!

Zutaten
500 g Mascarpone (italiensischer Frischkäse)
5 Eier, getrennt, Raumtemperatur
100 g Zucker
1 Prise Salz
Biskuitboden oder Löffelbiskuits
100 ml starker Espressokaffee
4 El Weinbrand oder Rum (nach Wahl)
Kakaopulver, ungesüßt, zum Bestäuben
Für 6-8 Personen

1. Mascarpone schlagen in einer Schüssel, bis er geschmeidig ist. In einer anderen Schüssel die Eiweiß schlagen, nach und nach den Zucker (1 El aufbewahren) zugeben. Schlagen, bis die Mixtur hellgelb und schaumig ist. Nach und nach den Mascarpone unterschlagen.

2. ▲ Mit einem Rührbesen oder Elektoquirl die Eiweiß mit dem Salz schlagen, bis die Masse steif ist. Dann vorsichtig in die Mascarpone-Mischung rühren.

3. In einer reichlich großen Schale die Löffelbiskuits nebeneinander in eine Reihe legen. Den restlichen Zucker in den Kaffee rühren, ebenso den Alkohol (nach Wahl).

4. ▲ Den Kaffee über die Bikuits träufeln. Sie sollten feucht sein, aber nicht durchnäßt. Mit der Hälfte der Eiermischung bedecken. Eine weitere Lage Löffelbiskuits auflegen, mit Kaffee befeuchten und mit dem Rest der Eiermixtur bedecken. Das fertige Tiramisu mindestens 2 Std. kühlen. Vor dem Servieren den Kakao darüberstreuen.

Weinschaumcreme

Zabaione

Diese luftige Eiercreme, wird meistens warm mit Biskuits oder Früchten gegessen.

Zutaten
3 Eigelb
3 El Zucker
5 El Marsala oder weißer Dessertwein
1 Prise Orangenschale, gerieben (Orange unbehandelt)
Für 3-4 Personen

1. ▲ Mit einem Rührbesen die Eigelb mit dem Zucker in einer Schüssel schlagen, bis die Masse hellgelb ist. Den Marsala oder Dessertwein hinzufügen.

2. ▲ Gefäß auf einen Topf mit siedendem Wasser setzen und ständig rühren, bis die Creme leicht und locker ist. 6-8 min., so daß am Rücken eines Löffels eine leichte Schicht bleibt. Wasser nicht überkochen lassen. Kommen Wassertropfen in die Creme, wird sie flockig.

3. ▲ Die abgeriebene Orangenschale einrühren und sofort servieren.

~ KOCH-TIP ~

Einen kleinen Teelöffel Zimt hinzugeben. Hebt den Geschmack.

Biskuitcreme italienische Art

Zuppa inglese

Bekannt in Italien als „englische Suppe".

Zutaten
500 ml Milch
geriebene Schale 1 halben Zitrone
4 Eigelb
75 g Zucker
75 g Mehl, gesiebt
1 El Rum oder Weinbrand
25 g Butter
200 g Löffelbiskuits oder 300 g Biskuitboden, geschnitten
75 ml Alchermes (Likör aus Florenz) oder Cherry Brandy
75 ml Rum oder Aprikosenlikör
3 El Aprikosenmarmelade
frische Schlagsahne, zum Garnieren
Geröstete Nüsse, gehackt, zum Garnieren
Für 6-8 Personen

1. Die Milch mit der Zitronen-schale in einem Topf erwärmen. Vom Herd nehmen, wenn sich an der Oberfläche kleine Blasen bilden.

2. ▲ Die Eigelb mit einem Rührbesen schlagen. Nach und nach den Zucker hinzugeben. Ständig schlagen, bis die Masse hellgelb ist. Das Mehl dazu. Milch durch ein Sieb gießen, um die Zitronenschale zu entfernen. Sehr vorsichtig hineinrühren. Wenn die ganze Milch hinzugefügt ist, die Mixtur in einen größeren Topf geben. Unter ständigem Rühren mit einem Schneebesen zum Kochen bringen, 5-6 min. sieden. Vom Herd nehmen, Rum oder Weinbrand einrühren. Die Butter hineinschlagen. Abkühlen lassen auf Raumtemperatur. Hin und wieder umrühren, damit sich keine Haut auf der Oberfläche bildet.

3. ▲ Löffelbiskuits oder Biskuitscheiben auf einer Seite mit Alchermes oder Cherry Brandy bestreichen, die andere Seite mit Rum oder Aprikosenlikör. Eine dünne Schicht von der Creme auf den Boden einer größeren Servierplatte geben, belegen mit Löffelbiskuits oder Biskuitscheiben. Bedecken mit einer Schicht Creme. Eine weitere Lage Biskuit, bestrichen mit Likör, darauflegen.

4. ▲ Die Aprikosenmarmelade in einem kleinen Topf erhitzen mit 2 El Wasser. Wenn sie heiß ist, damit gleichmäßig die Biskuits bestreichen. Weitere Lagen von Creme und mit Likör bestrichenenen Biskuits auflegen, bis die Zutaten verbraucht sind. Oberste Schicht Creme. Mit Frischhaltefolie bedecken. Mindestens 2-3 Stunden in den Kühlschrank stellen. Die Nachspeise mit Schagsahne dekorieren, mit gehackten Nüssen überstreuen und servieren.

Maronentorte

Budino di castagne

Maronen findet man in den gebirgigen Regionen Italiens im Oktober und November.

Zutaten
450 g Maronen
300 ml Milch
115 g Zucker
2 Eier, getrennt, Raumtemperatur
25 g Kakaopulver, ungesüßt
1 halber Tl Vanilleextrakt
50 g Puderzucker, gesiebt
Butter für die Form
frische Schlagsahne, zum Garnieren
glasierte Früchte zum Garnieren
Für 4-5 Personen

1. Ein Kreuz in die Seite jeder Marone schneiden. In einen Topf mit kochendem Wasser geben. 5-6 min. kochen. Mit einer Siebkelle herausnehmen. Schälen solange sie noch warm sind.

2. ▲ Die geschälten Maronen mit der Milch und der Hälfte des Zuckers in einen großen Topf geben. Kochen bei mittlerer Hitze. Ab und zu umrühren, bis die Maronen weich sind. Vom Herd nehmen und abkühlen lassen. Den Inhalt des Topfes durch ein Sieb passieren.

3. Den Herd vorheizen E 180°, Gas Stufe 4. Die Eigelb mit dem restlichen Zucker schlagen, bis die Masse hellgelb und locker ist. Darunter das Kakaopulver und die Vanille schlagen.

4. ▲ In einer anderen Schüssel die Eiweiß mit einem Schneebesen oder Stabmixer schlagen, bis sie steif sind. Nach und nach den gesiebten Puderzucker hinzugeben. Ständig schlagen, bis die Mischung steif ist.

5. ▲ Zuerst Maronen mit der Eigelbmasse verrühren. Dann die Eiweißmenge vorsichtig einrühren. Die Masse in eine gefettete Backform (oder mehrere kleine Formen) geben und glattstreichen. Auf ein Backblech stellen und im Ofen 12-20 min. (je nach Größe) backen. Aus dem Herd nehmen. Etwa 10 min. abkühlen lassen, bevor die Torte aus der Form genommen wird. Garnieren mit Schlagsahne und glasierten Früchten.

Fruchtsalat

Macedonia

Ein wirklich guter Fruchtsalat ist immer erfrischend. In Italien wird er „gebadet" in frischem Orangen- und Zitronensaft. Benötigt wird eine Mischung frischer Früchte der Saison.

Zutaten
Saft von 3 großen süßen Orangen
Saft von 1 Zitrone
1 Banane
1-2 Äpfel
1 reife Birme
2 Pfirsiche oder Nektarinen
4-5 Aprikosen oder Pflaumen
115 g schwarze oder grüne Weintrauben
115 g Beeren (Erdbeeren, Himbeeren, usw.)
einige andere Früchte der Saison
Zucker, zum Abschmecken (wenn gewünscht)
3 El Kirschlikör, Maraschino oder anderer Likör (nach Wahl)
Für 4-6 Personen

1. Den frischen Orangen- und Zitronensaft in eine große Servierschüssel geben.

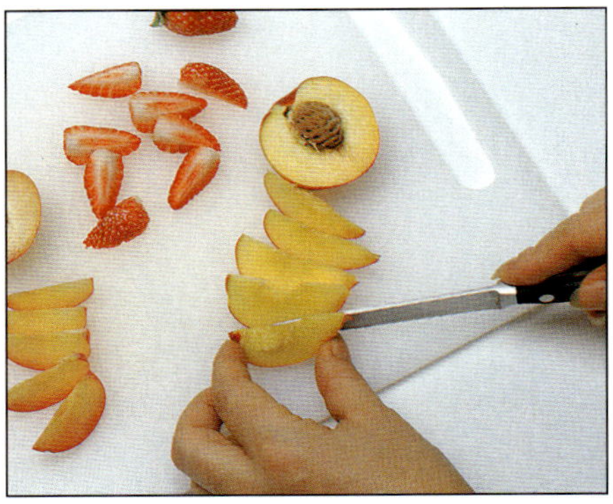

2. ▲ Alle Früchte waschen. Schälen wenn erforderlich. In Stücke schneiden. Weintrauben halbieren und Kerne entfernen. Kerngehäuse aus Äpfeln und Birne entfernen, schneiden. Die anderen Früchte entsteinen und schneiden. Die kleinen Beeren ganz lassen. Wenn alle Früchte vorbereitet sind, in die Servierschüssel zu dem Saft geben.

3. ▲ Den Salat abschmecken, Zucker hinzufügen (wenn gewünscht). 2-3 El Likör darübergießen. Die Schüssel bedecken und für mindestens 2 Std kalt stellen. Vor dem Servieren gut mischen. In Italien wird Fruchtsalat so gegessen oder mit Vanilleeiscreme oder Zabaione. Es ist nicht erforderlich, den Fruchtsalat mit Creme zu garnieren.

Bratäpfel mit Rotwein

Mele al forno

Italienische Bratäpfel haben eine „beschwipste" Rosinenfüllung.

Zutaten
65 g Sultaninen
350 ml Rotwein
1 Prise Muskatnuß, gerieben
1 Prise Zimt, gemahlen
60 g Zucker
1 Prise Zitronenschale, gerieben
6 säuerliche Äpfel, gleiche Größe
35 g Butter
Für 6 Personen

1. In eine kleine Schüssel den Wein hineingießen, die Sultaninen zugeben. Die Gewürze, Zucker und Zitronenschale einrühren. Für 1 Stunde stehen lassen.

2. Den Herd vorheizen, E 190°, Gas Stufe 5. Die Äpfel waschen. Mit einem scharfen Messer das Kerngehäuse ausschneiden ohne den Boden der Äpfel zu verletzen. Das Loch etwas vergrößern.

3. ▲ Die Sultaninenmischung auf die 6 Äpfel verteilen. Mit einem Löffel in die Höhlungen füllen. Dazu etwas von dem gewürzten Wein.

4. ▲ Die Äpfel auf eine gebutterte Backform geben. Den restlichen Wein um die Äpfel gießen. Oben auf die Füllung ein Messerspitze Butter legen. 40-50 min. backen, bis die Äpfel weich, aber nicht matschig sind. Heiß oder bei Raumtemperatur servieren.

Zitronen-Ricotta-Torte

Torta di limone e ricotta

Dieser Zitronenkuchen aus Sizilien unterscheidet sich völlig von einem üblichen Käsekuchen.

Zutaten
75 g Butter
170 g Zucker
75 g Ricotta (italienischer Frischkäse)
3 Eier, getrennt
175 g Mehl
1 halber Tl Backpulver
1 Zitrone (unbehandelt), Schale abgerieben
3 El frischer Zitronensaft
Puderzucker, zum Bestäuben
Für 6-8 Personen

1. Eine runde Back- oder Springform einfetten. Den Boden mit Pergament- oder Backpapier auslegen. Das Papier fetten. Bestäuben mit Mehl. Beiseite stellen. Den Herd vorheizen, E 180°, Gas Stufe 4.

2. Die Butter mit dem Zucker zu einer glatten Masse rühren. Den Ricotta einschlagen.

3. Die Eigelb schlagen bis sie hellgelb sind. 2 El Mehl, abgeriebene Zitronenschale und Saft einrühren. Das Backpulver in das restliche Mehl sieben. Einrühren in den Teig bis eine glatte Mischung entstanden ist.

4. ▲ Die Eiweiß sehr steif schlagen und vorsichtig unter den Teig rühren.

5. ▲ Den Teig in die vorbereitete Form geben. 45 min. backen. Mit einem Zahnstocher testen, ob er fertig ist. Wenn noch Teigreste haften bleiben, noch ein paar Minuten weiterbacken. 10 min. abkühlen lassen, dann aus der Form kippen. Vor dem Servieren großzügig mit Puderzucker bestäuben.

Pfirsiche mit Biskuitfüllung

Pesche alla piemontese

Pfirsiche gibt es reichlich in Italien. Diese klassische Nachspeise wird manchmal heiß serviert.

Zutaten
4 reife frische Pfirsiche
Saft einer halben Zitrone
65 g Löffelbiskuits, gekrümelt, oder 90 g Mandelplätzchen (s. Rezept S. 248), gekrümelt
2 El Marsala, Weinbrand oder Pfirsichlikör (nach Wahl)
25 g Butter, Raumtemperatur
1/2 Tl Vanilleextrakt
2 El Zucker
1 Eigelb
Für 4 Personen

1. Den Ofen vorheizen, E 180°, Gas Stufe 4. Die Pfirsiche waschen, durchschneiden und die Steine entfernen. Mit einen kleinen Löffel die Aushöhlung der Pfirsiche vorsichtig vergrößern. Die Hälften mit dem Zitronensaft besprengen.

2. ▲ Die zerkrümelten Löffelbiskuits oder Mandelplätzchen für einige Minuten einweichen im Marsala, Weinbrand oder Pfirschlikör. Die Butter schlagen, bis sie weich ist. Die Biskuitmischung und die restlichen Zutaten hineinrühren.

3. ▲ Die Pfirsichhälften nebeneinander auf eine Backform legen. Die Füllung in 8 Häufchen teilen. Die Höhlungen gehäuft füllen und 35-40 min. backen. Die köstliche Nachspeise heiß oder kalt servieren.

Brandteiggebäck mit verschiedenen Füllungen *Bigné alle due creme*

Italienisches gefülltes Brandteiggebäck duftet so süß wie dieses.

Zutaten
200 ml Wasser
115 g Butter
2 cm Vanillestange
1 Prise Salz
150 g Mehl
5 Eier
Für die Cremefüllungen
50 g Kochschokolade, bitter
300 ml Milch
4 Eigelb
65 g Zucker
40 g Mehl
1 Tl Vanilleextrakt
300 ml Schlagsahne
Kakaopulver, ungesüßt, zum Garnieren
Puderzucker, zum Garnieren
Für 48 Stücke

1. ▲ Herd vorheizen, E 190°, Gas St. 5. Wasser mit der Butter, Vanilleschote und Salz erhitzen. Wenn die Butter geschmolzen ist, daß Mehl mit einem Schneebesen einrühren. Bei mittlerer Hitze 8 min. kochen. Ständig rühren!

2. ▲ Nach einer Weile die Eier hinzufügen. Die Vanilleschote entfernen.

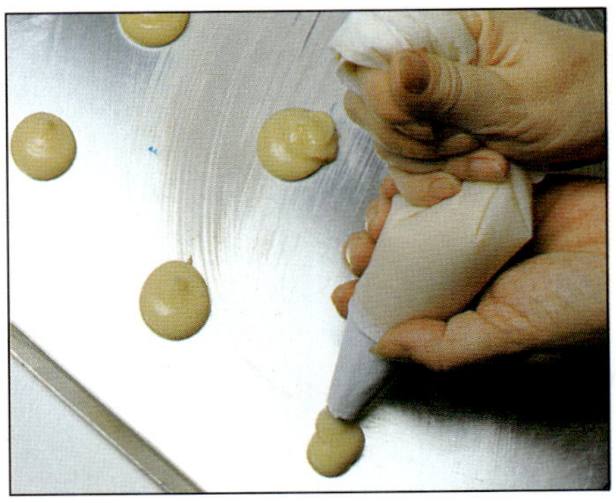

3. ▲ Ein Backblech einfetten und mit etwas Mehl bestäuben. Mit einem Spritzbeutel den Teig in walnußgroßen Häufchen auf das Backblech drücken. Zwischen den Reihen viel Platz lassen. 20-25 min. backen oder bis das Gebäck goldbraun ist. Aus dem Herd nehmen und bis zum Füllen abkühlen lassen.

4. ▲ In der Zwischenzeit die Cremefüllungen vorbereiten. Die Schokolade im Wasserbad schmelzen. Die Milch in einem Kochtopf erwärmen. Darauf achten, daß die Milch nicht kocht.

~ VARIATION ~

Das Gebäck kann auch mit frischer Schlagsahne, gewürzt mit 1 Tl Vanillezucker oder 2-3 El Likör, gefüllt werden. In einen Spritzbeutel füllen und wie bei Punkt 6 weiterarbeiten.

5. ▲ Eigelb mit dem Rührbesen schlagen. Nach und nach den Zucker hinzugeben. Ständig rühren, bis die Masse hellgelb ist. Das Mehl hineinschlagen. Die heiße Milch durch ein Sieb gießen und nach und nach hinzufügen. Wenn die ganze Milch verwendet wurde, die Mischung in einen Kochtopf gießen und zum Kochen bringen. 5-6 min. sieden. Vom Herd nehmen und gleichmäßig in zwei Schüsseln verteilen. Die geschmolzene Schokolade in die eine, die Vanillecreme in die andere füllen. Beide jeweils gut unterrühren. Warten, bis die Füllungen ganz ausgekühlt sind.

6. ▲ Die Creme schlagen. Vorsichtig mit einem Spritzbeutel, gefüllt mit Vanillecreme, in das Gebäck spritzen. Dann die Schokoladencreme in die andere Hälfte. Ein kleines Loch machen und durch die Seite eines jeden Stückes hineinspritzen. Das mit Vanillecreme gefüllte Gebäck mit Puderzucker, das mit Schokoladencreme gefüllte mit Kakaopulver bestäuben. Gleich nach dem Füllen servieren.

Rosinenkekse mit Maismehl

Gialletti

Diese kleinen gelben Kekse kommen aus der venezianischen Region.

Zutaten
75 g Rosinen
115 g Maismehl, fein gemahlen
175 g Mehl
1 halber Tl Salz
1 und ein halber Tl Backpulver
225 g Butter
225 g Zucker
2 Eier
1 El Marsala oder 1 Tl Vanilleextrakt
Für 48 Stücke

1. Die Rosinen im warmen Wasser 15 min. einweichen. Dann abtropfen lassen. Den Ofen vorheizen, E 180°, Gas Stufe 4.

2. Das Maismehl mit dem Mehl und dem Backpulver in eine Schüssel sieben. Salz hinzugeben.

3. Die Butter mit dem Zucker gut zu einer leichten, luftigen Creme rühren. Nach einer Weile die Eier hineinschlagen. Dann den Marsala oder das Vanilleextrakt.

4. ▲ Die trockenen Zutaten zum Teig geben. Rühren, bis er glatt ist. Dann die Rosinen untergeben und gut im Teig verteilen.

5. ▲ Auf ein bemehltes Backblech mit einem Teelöffel kleine Häufchen im Abstand von etwa 5 cm in Reihen setzen. 7-8 min. backen oder bis die Kekse am Rand goldbraun sind. Auf einem Kuchengitter auskühlen lassen.

Mandelplätzchen

Amaretti

Wenn Bittermandeln nicht erhältlich sind, das Gewicht mit süßen Mandeln ausgleichen.

Zutaten
150 g süße Mandeln
50 g Bittermandeln
225 g Zucker
2 Eiweiß
1 halber Tl Mandelextrakt oder
1 Tl Vanilleextrakt
Puderzucker, zum Bestäuben
Für 36 Stück

1. Den Herd vorheizen, E 160°, Gas Stufe 3. Die Mandeln für 1-2 min. in kochendes Wassser legen. Abtropfen lassen. In einem Küchenhandtuch rubbeln, bis sich die Haut ablöst.

2. Die Mandeln auf ein Backblech verteilen und im Herd 10-15 min. austrocknen lassen. Bevor die Mandeln braun werden aus dem Herd nehmen und abkühlen lasssen. Den Herd ausschalten.

3. Die Mandeln mit der Hälfte des Zuckers sehr fein mahlen.

4. ▲ Mit einem Schneeebesen oder Stabmixer die Eiweiß schlagen, bis sie ziemlich steif sind. Die Hälfte des restlichen Zuckers darübergeben und ständig schlagen, bis die ganze Masse ganz steif ist. Vorsichtig den restlichen Zucker, Mandel- oder Vanilleextrakt und die Mandeln unterrühren.

5. Backblech mit Backpapier belegen, mit Mehl bestäuben. Die Mandelmischung in einen Spritzbeutel füllen.

6. ▲ Mixtur in walnußgroße Häufchen auf das Backblech spritzen. Mit etwas Puderzucker bestäuben und für 2 Std. ruhen lassen. Kurz vorher den Herd wieder vorheizen, E 180°, Gas Stufe 4.

7. Die Plätzchen 15 min. backen oder bis sie goldbraun sind. Aus dem Herd nehmen und auf einem Kuchengitter abkühlen lassen. Wenn sie kalt sind, können sie in einer luftdichten Blechdose aufbewahrt werden.

Marmeladenkuchen

Crostata di marmellata di frutta

Marmeladekuchen sind sehr populär in Norditalien. Traditonell sind sie dekoriert mit Teigstreifen.

Zutaten
200 g Mehl
1 Prise Salz
50 g Zucker
115 g Butter oder Margarine, gekühlt
1 Ei
1 viertel Tl Zitronenschale, gerieben (Zitrone unbehandelt)
350 g Fruchtmarmelade, z. B. Aprikosen, Himbeeren oder Erdbeeren
1 Ei, leicht geschlagen mit 2 El Süßrahm, zum Glasieren
Für 6-8 Personen

1. ▲ Einen Teig mit Butter, Zucker und Salz in einer Schüssel etwas krümelig herstellen. Mit einem Stabmixer oder zwei Messern die Butter oder Margarine so schnell wie möglich mit den trockenen Zutaten vermischen. Das Ei mit der abgeriebenen Zitronenschale schlagen, dann über die Mehlmasse geben. Mit einer Gabel zerdrücken, bis die Masse krümelig ist, aber zusammenhält. Wenn Sie zu trocken ist, mischen mit 2 El Wasser.

2. Den Teig in eine größere und eine kleinere Hälfte teilen. Etwas flach drücken, in Frischhaltefolie einschlagen und 40 min. in den Kühlschrank legen.

3. Eine runde, flache und beschichtete Backform (23 cm ∅) leicht einfetten, damit sich der Kuchen gut löst. Das größere Stück Teig, leicht mit Mehl bestäubt, auf einer bemehlten Arbeitsfläche rund ausrollen. Etwa 3 cm dick.

4. In die gefettete Form legen und am Rand andrücken. Überstehenden Teig abschneiden. Den Teigboden mit einer Gabel ein paarmal einstechen. Nochmals 30 min. in den Kühlschrank stellen.

5. ▲ Den Herd vorheizen, E 190°, Gas Stufe 5. Die Marmelade gleichmäßig auf dem Teigboden verteilen. Den restlichen Teig ausrollen.

6. ▲ Den Teig in schmale Streifen, 1 cm breit, schneiden und gitterartig auf den Kuchen legen. Die überstehenden Enden abschneiden und etwas andrücken. Den Teigrand mit den Zinken einer Gabel eindrücken. Den Teig mit der Eiercreme bestreichen. 35 min. backen oder bis der Teig goldbraun ist. Bis zum Servieren auf einem Kuchengitter ganz auskühlen lassen.

Schokoladennußkuchen

Crostata di cioccolata con nocciole

Ein luxuriöser aber verhältnismäßig einfacher Kuchen nach einem vorhergehenden Rezept.

Zutaten
200 g Mehl
50 g Zucker
1 Prise Salz
115 g Butter oder Margarine, gekühlt
1 Ei
1 El Marsala
1 viertel Tl Zitronenschale, gerieben (Zitrone unbehandelt)
Für die Füllung
200 g Löffelbiskuits oder 300 g Mandelkekse (s. Rezept Seite 248)
100 g Mandeln, geschält
50 g Haselnüsse, geschält
3 El Zucker
200 g Kochschokolade, bitter
3 El Milch
50 g Butter
3 El Weinbrand oder Amaretto
2 El Sahne
Für 6-8 Personen

1. ▲ Den Teig herstellen wie für den Marmeladenkuchen (Rezept Seite 250). Den Marsala mit der Zitronenschale und dem Ei schlagen. Die trockenen Zutaten einmischen.

2. Eine runde, flache und beschichtete Backform leicht einfetten (26 cm ∅), damit der Kuchen sich gut löst. Den Teig, leicht mit Mehl bestäubt, auf einer bemehlten Arbeitsfläche rund ausrollen. Etwa 3 mm dick. In die gefettete Form legen. Überstehenden Teig entlang der Form abschneiden. Den Teigboden mit einer Gabel ein paarmal einstechen. Für 30 min. in den Kühlschrank.

3. Mit einem Rührstab die Mandelkekse zerkleinern. 8 geschälte Mandeln aufbewahren. Die restlichen Mandeln mit den Haselnüssen und dem Zucker zu einer etwas groberen Masse mahlen. In einer Rührschüssel mit den Mandelkekskrümeln sehr gut mischen.

4. ▲ Den Herd vorheizen, E 190°, Gas Stufe 5. Die Schokolade mit Butter und Milch im Wasserbad schmelzen. Rühren, bis alles gut vermischt ist.

5. Die Schokoladenmixtur zu der Mandel- Nuß-Masse geben und sehr gut mischen. Likör und Sahne einrühren.

6. ▲ Mischung auf den Tortenboden streichen und ebnen. Mit den Zinken einer Gabel den Teig am Rand eindrücken. 35 min. backen oder bis der Teig goldbraun ist und die Füllung zu dunkeln beginnt. Auskühlen lassen. Die 8 geschälten Mandeln in Hälften teilen und den Kuchen damit dekorieren.

Granita mit Kaffee

Granita di caffè

Granita ist ein Zwischending von gefrostetem Saft und gewürztem Eis. Die Konsistenz sollte nicht zu fest sein. Mit Hilfe einer Küchenmaschine kann es zu Hause zubereitet werden.

Zutaten
500 ml Wasser
115 g Zucker
250 ml Espressokaffee, sehr stark, kalt
Schlagsahne, zum Garnieren (wenn gewünscht)
Für 4-5 Personen

1. ▲ Wasser und Zucker zusammen bei mittlerer Hitze erwärmen, bis der Zucker aufgelöst ist. Zum Kochen bringen. Vom Herd nehmen und abkühlen lassen.

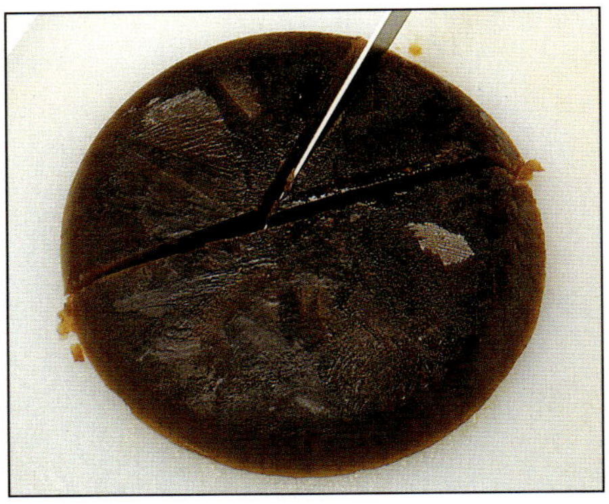

2. ▲ Den Kaffee mit dem Zuckerwasser mischen. In ein flaches Gefäß oder eine Gefrierschale gießen und einfrieren bis die Masse fest ist. Den Boden des Gefäßes für ein paar Sekunden in sehr heißes Wasser tauchen. Die Mixtur herausnehmen und in größere Brocken hacken.

3. ▲ Die Mixtur in einer Küchenmaschine zerkleinern zu der Form kleiner Kristalle. In Siervergläser geben und mit Schlagsahne (wenn gewünscht) garnieren. Wenn die Granita nicht sofort serviert wird, die fertige Mixtur wieder in das Gefriergefäß geben und einfrieren bis zum Servieren. Auftauen für ein paar min. oder die Prozedur nochmals wiederholen.

Granita mit Zitrone

Granita di limone

Nichts ist erfrischender an einem heißen Sommertag als Granita mit Zitrone.

Zutaten
500 ml Wasser
115 g Zucker
abgeriebene Schale einer Zitrone (unbehandelt)
Saft von 2 großen Zitronen
Für 4-5 Personen

1. Das Wasser mit dem Zucker zusammen bei mittlerer Hitze erwärmen, bis der Zucker aufgelöst ist. Zum Kochen bringen. Vom Herd nehmen. Abkühlen lassen.

2. Den Zitronensaft, abgeriebene Zitronenschale mit dem Zuckerwasser mischen. In ein flaches Gefäß oder eine Gefrierschale gießen. Einfrieren bis die Masse fest ist.

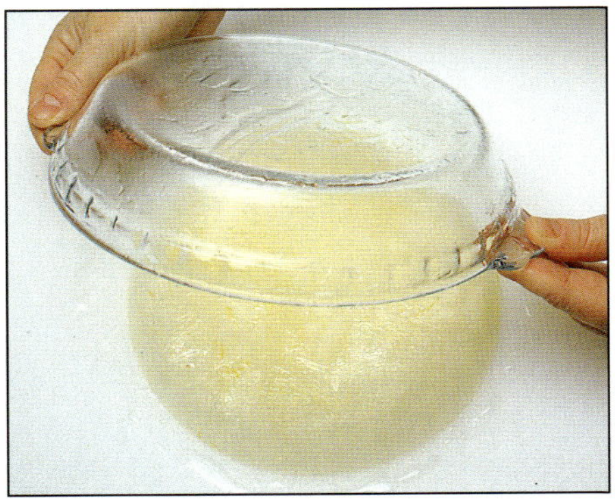

3. ▲ Den Boden des Gefäßes für ein paar Sekunden in sehr heißes Wasser tauchen. Die gefrorene Mixtur herausnehmen und in größere Brocken hacken.

4. ▲ Die Mixtur in eine Küchenmaschine geben und zerkleinern zu der Form kleiner Kristalle. Einfüllen in Serviergläser. Oder verfahren wie beim Rezept Granita-Kaffee (Punkt 3).

Eiscreme

Gelato di crema

Italienische Eiscremes sind weich in der Konsistenz und sollten nicht zu süß sein.

Zutaten
750 ml Milch
1 halber Tl Zitronenschale, gerieben
(Zitrone unbehandelt)
6 Eigelb
150 g Zucker
Für 850 ml

1. In einem kleinen Topf die Milch mit der Zitronenschale erhitzen. Topf vom Herd nehmen, sobald die Milch anfängt zu blubbern. nicht kochen lassen!

2. Die Eigelb mit einem Schneebesen oder Stabmixer schlagen. Nach und nach den Zucker hinzufügen. Ständig schlagen, bis die Mixtur hellgelb ist, etwa 5 min. Die Milch durchsieben. Langsam Tropfen für Tropfen in die Eiermischung unter Rühren hinzufügen.

3. ▲ Wenn die ganze Milch hinzugefügt ist, in eine Schüssel oder einen Topf geben und im heißen Wasserbad unter Rühren etwas dick werden lassen. Dann vom Herd nehmen und auskühlen lassen.

4. Gefrieren in einer Eismaschine. Den dazugehörigen Erläuterungen folgen. Das Eis ist fertig, wenn die Masse fast fest ist.

5. ▲ Wenn keine Eismaschine vorhanden ist, die Mischung in eine gefriergeeignete Metall- oder Plastikform füllen. Nach 3 Std. aus der Form nehmen, grob hacken in 3 cm große Stücke. Nochmals in einer Küchenmaschine zu einer glatten Masse rühren. Wieder einfrieren. Prozedur zwei- bis dreimal wiederholen. Beim letzten Mal rühren, bis die Masse sämig ist.

Schokoladeneiscreme

Gelato al cioccolato

Hierfür eignet sich gute Bitter- oder Kochschokolade für den besten Geschmack.

Zutaten
750 ml Milch
10 cm Vanillestange, in Stücken
225 g Schololade, geschmolzen
4 Eigelb
150 g Zucker
Für 850 ml

1. Die Creme herstellen wie für die Eiscreme (s. Rezept oben). Anstatt Zitronenschale Vanilleschote verwenden.

2. Die Eigelb mit einem Schneebesen oder Stabmixer schlagen. Nach und nach den Zucker hinzufügen. Ständig schlagen, bis die Mixtur hellgelb ist, etwa 5 min. Die Milch durchsieben. Langsam Tropfen für Tropfen in die Eiermischung unter Rühren hinzufügen.

3. ▲ Wenn die Milch hinzugefügt ist, in eine Schüssel geben und mit der geschmolzenen Schokolade im heißen Wasserbad unter Rühren etwas dick werden lassen. Vom Herd nehmen. Abkühlen lassen.

4. ▲ Gefrieren in einer Eismaschine. Den dazugehörigen Erläuterungen folgen. Oder, wenn keine Eismaschine vorhanden ist, zubereiten wie im Rezept für Eiscreme (s. oben, Punkt 5) beschrieben.

Haselnußeiscreme

Gelato di nocciola

Dieser gute Geschmack harmoniert ausgezeichnet mit den vorher beschriebenen Eiscremes.

Zutaten
75 g Haselnüsse
500 ml Milch
10 cm Vanillestange, in Stücken
4 Eigelb
75 g Zucker
Für 4-6 Personen

1. Die Nüsse auf einem Backblech verteilen. Für 5 min. unter den Grill schieben. Das Blech immer wieder schütteln, so daß sich die Nüsse drehen. Aus dem Herd nehmen und leicht abkühlen lassen. Die Nüsse auf ein sauberes Geschirrtuch geben und in dem Tuch rubbeln, bis sich die Haut von den Nüssen gelöst hat. Sehr fein hacken oder in einer Mandelmühle mit 2 El Zucker mahlen.

2. Die Creme herstellen. Die Milch mit den Vanillestücken in einem Topf erhitzen. Vom Herd nehmen, wenn die Milch anfängt zu blubbern. Nicht kochen lassen!

3. ▲ Die Eigelb mit einem Schneebesen oder Stabmixer schlagen. Nach und nach den Zucker hinzufügen. Ständig schlagen, bis die Mixtur hellgelb ist, etwa 5 min. Die Milch durchsieben, Vanillestücke entfernen. Die Milch langsam Tropfen für Tropfen zugeben und ständig rühren, bis die Milch vollständig hinzugefügt ist.

4. ▲ Die Mixtur in eine Schüssel oder in einen Topf geben. Die gehackten oder gemahlenen Nüsse hinzugeben und im siedenden Wasserbad rühren, bis das Waser zum Kochen kommt. Die Creme etwas dick werden lassen. So leicht, daß eine dünne Schicht an der Rückseite eines Holzlöffels hängen bleibt. Vom Herd nehmen und auskühlen lassen.

5. ▲ Gefrieren in einer Eismaschine. Den dazugehörigen Erläuterungen folgen. Oder, wenn keine Eismaschine vorhanden ist, zubereiten wie im Rezept für Eiscreme (Seite 254, Punkt 5) beschrieben.

ANTIPASTI UND SUPPEN

GEMÜSE

PASTA

REIS, POLENTA, EIER UND KÄSE

PIZZAS UND WÜRZBROT

FLEISCH, GEFLÜGEL UND WILD

FISCH UND MEERESFRÜCHTE

DESSERTS